U0061696

# 維護國家安全條例

# 出版說明

《維護國家安全條例》已於 2024 年 3 月 23 日刊憲生效。《條例》全面落實《基本法》第二十三條、《全國人民代表大會關於建立健全香港特別行政區維護國家安全的法律制度和執行機制的決定》及《香港國安法》的要求，完善了香港特區維護國家安全的法律制度和執行機制，確保了維護國家安全的完整性和有效性。香港三聯書店為此出版《維護國家安全條例》單行本，以便更多公眾了解《條例》詳細內容。

《維護國家安全條例》單行本內容來源於香港特別行政區電子版香港法例網站 https://www.elegislation.gov.hk/hk/A305!en-zh-Hant-HK?INDEX_CS=N ，反映 2024 年 3 月 24 日的法例狀況，僅收錄《條例》第 1 至第 8 部，略去第 9 部（相關修訂），讀者可透過 "電子版香港法例" 隨時查閱《條例》的編輯修訂紀錄 (https://www.elegislation.gov.hk/editorialrecord)。

有關版權政策，請參閱 https://www.elegislation.gov.hk/copyright 。

三聯書店（香港）有限公司

2024 年 4 月

書　　名　**維護國家安全條例**

出　　版　三聯書店（香港）有限公司

　　　　　香港北角英皇道 499 號北角工業大廈 20 樓

　　　　　Joint Publishing (H.K.) Co., Ltd.

　　　　　20/F., North Point Industrial Building,

　　　　　499 King's Road, North Point, Hong Kong

香港發行　香港聯合書刊物流有限公司

　　　　　香港新界荃灣德士古道 220-248 號 16 樓

印　　刷　美雅印刷製本有限公司

　　　　　香港九龍觀塘榮業街 6 號 4 樓 A 室

版　　次　2024 年 4 月香港第 1 版第 1 次印刷

規　　格　特 16 開（148 mm×210 mm）168 面

國際書號　ISBN 978-962-04-5459-2

# 目錄

## 第 1 部
## 導言

## 第 2 部
## 叛國等

## 第 3 部
## 叛亂、煽惑叛變及離叛，以及具煽動意圖的作為等

### 第 1 分部 —— 叛亂

### 第 2 分部 —— 煽惑中國武裝力量成員叛變、協助該等
### 成員放棄職責等

### 第 3 分部 —— 煽惑離叛等

### 第 4 分部 —— 具煽動意圖的作為等

## 第 5 分部 —— 雜項條文

# 第 4 部
# 與國家秘密及間諜活動相關的罪行

## 第 1 分部 —— 與國家秘密相關的罪行

# 第 5 部
# 危害國家安全的破壞活動等

# 第 6 部
# 危害國家安全的境外干預及從事危害國家安全活動
# 的組織

## 第 1 分部 —— 危害國家安全的境外干預

## 第 2 分部 ⸺ 從事危害國家安全活動的組織

### 第 1 次分部 ⸺ 導言

### 第 2 次分部 ⸺ 禁止從事危害國家安全活動的組織在特區運作

### 第 3 次分部 ⸺ 與受禁組織相關的罪行

### 第 4 次分部 ⸺ 雜項條文

# 第 7 部

# 與維護國家安全相關的執法權力及訴訟程序等

## 第 1 分部 —— 執法權力及其他與調查相關的事宜

### 第 1 次分部 —— 為調查危害國家安全罪行可向法院申請延長羈留期

### 第 2 次分部 —— 因應危害國家安全情況可向法院申請就諮詢法律代表施加適當限制

### 第 3 次分部 —— 為防範或調查危害國家安全罪行可向法院申請就獲保釋人施加適當限制

# 第 8 部
## 維護國家安全機制及相關保障

本條例旨在完善中華人民共和國香港特別行政區維護

國家安全的法律；以及就相關事宜訂定條文。

（2024 年 3 月 23 日）

# 弁言

鑑於必須 ——

(a) 堅定不移並全面準確貫徹 "一國兩制"、"港人治港"、高度自治的方針;

(b) 建立健全特區維護國家安全的法律制度和執行機制; 及

(c) 依法防範、制止和懲治危害國家安全的行為和活動, 保障特區居民和在特區的其他人的合法權益, 確保特區內的財產和投資受法律保護, 保持特區的繁榮和穩定:

又鑑於《中華人民共和國憲法》及以下法律、決定及解釋下有關特區履行維護國家安全的憲制責任以及完善特區維護國家安全的法律的要求 ——

(a) 《中華人民共和國香港特別行政區基本法》, 包括當中第二十三條的規定;

(b) 於 2020 年 5 月 28 日第十三屆全國人民代表大會第三次會議上通過的《全國人民代表大會關於建立健全香港特別行政區維護國家安全的法律制度和執行機制的決定》;

(c) 《中華人民共和國香港特別行政區維護國家安全法》; 及

(d) 於 2022 年 12 月 30 日第十三屆全國人民代表大

會常務委員會第三十八次會議上通過的《全國人民代表大會常務委員會關於〈中華人民共和國香港特別行政區維護國家安全法〉第十四條和第四十七條的解釋》:

又鑑於 ——

(a) 特區行政、立法、司法機關應當依法有效防範、制止和懲治危害國家安全的行為和活動;及

(b) 特區居民須維護國家主權、統一和領土完整;在特區的任何機構、組織和個人,都應當遵守特區維護國家安全所適用的法律,不得從事危害國家安全的行為和活動,並應當在上述機關依法開展維護國家安全工作時,應其要求依法提供協助:

現由立法會制定本條例如下 ——

# 第 1 部

# 導言

## 1. 簡稱

本條例可引稱為《維護國家安全條例》。

## 2. 條例的原則

本條例建基於以下原則——

(a) "一國兩制"方針的最高原則，是維護國家主權、安全、發展利益；

(b) 尊重和保障人權，依法保護根據《基本法》、《公民權利和政治權利國際公約》、《經濟、社會與文化權利的國際公約》適用於特區的有關規定享有的包括言論、新聞、出版的自由，結社、集會、遊行、示威的自由在內的權利和自由；及

(c) 對於危害國家安全的行為和活動，應當按法治原則堅持積極防範，依法制止和懲治，據此——

(i) 法律規定為犯罪行為的，依照法律定罪處罰；法律沒有規定為犯罪行為的，不得定罪處罰；

(ii) 任何人未經司法機關判罪之前，均假定無罪；

(iii) 犯罪嫌疑人、被告人和其他訴訟參與人依法享有的辯護權和其他訴訟權利，予以保障；及

(iv) 任何人已經司法程序被最終確定有罪或者宣告無罪的，不得就同一行為再予審判或者懲罰。

## 3. 釋義

(1) 在本條例中——

**中央**（Central Authorities）指《中華人民共和國憲法》確立的憲制秩序下的中央政權機關，包括（但不限於）中華人民共和國全國人民代表大會及其常務委員會、中華人民共和國主席、中華人民共和國中央人民政府及中華人民共和國中央軍事委員會；

**中國武裝力量**（Chinese armed force）指中國的武裝力量，即中國人民解放軍、中國人民武裝警察部隊或民兵；

**司法人員**（judicial officer）指——

(a) 擔任於《司法人員推薦委員會條例》（第 92 章）附表 1 指明的司法職位的司法人員；或

(b) 由終審法院首席法官委任的司法人員；

***法院***（Court） 指屬特區司法機構的任何以下法院、法庭或審裁處 ——

(a) 終審法院；

(b) 上訴法庭；

(c) 原訟法庭；

(d) 競爭事務審裁處；

(e) 區域法院；

(f) 裁判法院；

(g) 土地審裁處；

(h) 勞資審裁處；

(i) 小額錢債審裁處；

(j) 淫褻物品審裁處；

(k) 死因裁判法庭；

***指定法官***（designated judge） 就任何法院而言，指根據《香港國安法》第四十四條從該法院的司法人員中指定的司法人員；

***《香港國安法》***（HK National Security Law） 指根據《2020 年全國性法律公布》（2020 年第 136 號法律公告）

在特區實施的《中華人民共和國香港特別行政區維護國家安全法》；

**國際組織**（international organization）指 ——

(a) 某組織，其成員包括 2 個或多於 2 個國家、地區、地方或受任何國家、地區或地方委以職能的實體；或

(b) 藉（或基於）2 個或多於 2 個國家、地區或地方之間訂立的條約、公約、協議或協定而設立的組織，

並包括上述組織轄下的機構（不論如何描述）；

**境外**（external place）指特區以外的地區或地方（內地及澳門除外）；

**境外勢力**（external force）—— 見第 6 條；

**職能**（function）包括權力及責任。

(2) 在本條例中，提述涉及國家安全的案件，包括 ——

(a) 與危害國家安全的罪行相關的案件；

(b) 與以下措施相關的案件：不論是根據《香港國安法》、本條例或其他法律，為維護國家安全（或在與維護國家安全相關的情況下）而採取的措施；及

(c) 與 (a) 或 (b) 段所述案件相關的任何法律程序。

## 4. 國家安全的涵義

在本條例或任何其他條例中，提述國家安全，即提述國家政權、主權、統一和領土完整、人民福祉、經濟社會可持續發展和國家其他重大利益相對處於沒有危險和不受內外威脅的狀態，以及保障持續安全狀態的能力。

**附註 ——**

請參閱《中華人民共和國國家安全法》第二條 ——

"國家安全是指國家政權、主權、統一和領土完整、人民福祉、經濟社會可持續發展和國家其他重大利益相對處於沒有危險和不受內外威脅的狀態，以及保障持續安全狀態的能力。"。

## 5. 勾結境外勢力的涵義

就本條例所訂罪行而言，如有一項或多於一項以下情況，某人即屬勾結境外勢力作出某項作為 ——

(a) 該人參與某項由境外勢力策劃或以其他方式主導的活動，而該項作為，是該人參與該項活動所牽涉的作為；

(b) 該人代境外勢力作出該項作為；

(c) 該人在與境外勢力合作下，作出該項作為；

(d) 該人在境外勢力控制、監督、指使或要求下，作出該項作為；

(e) 該人在境外勢力資助或以其他方式支援下，作出該項作為。

## 6. 境外勢力的涵義

(1) 在本條例中——

**境外勢力**（external force）指——

    (a) 外國政府；

    (b) 境外當局；

    (c) 在境外的政黨；

    (d) 在境外的其他追求政治目的之組織；

    (e) 國際組織；

    (f) 任何 (a)、(b)、(c)、(d) 或 (e) 段所述政府、當局、政黨或組織的關聯實體；或

    (g) 任何 (a)、(b)、(c)、(d)、(e) 或 (f) 段所述政府、當局、政黨、組織或實體的關聯個人。

(2) 在第 (1) 款中**境外勢力**的定義的 (f) 段中，提述某政府或當局的關聯實體，即提述——

    (a) 符合一項或兩項以下描述的公司——

        (i) 其董事慣常或有義務（不論是正式或非正式的義務）按照該政府或當局的指示、指令或意願行事；

        (ii) 該政府或當局能夠憑藉其他因素在相當程

度上控制它；或

(b) 符合一項或兩項以下描述的並非公司的團體——

    (i) 其執行委員會（不論稱謂如何）的成員慣常或有義務（不論是正式或非正式的義務）按照該政府或當局的指示、指令或意願行事；

    (ii) 該政府或當局能夠憑藉其他因素在相當程度上控制它。

(3) 在第 (1) 款中**境外勢力**的定義的 (f) 段中，提述某在境外的政黨、在境外的其他追求政治目的之組織或國際組織（**該組織**）的關聯實體，即提述——

(a) 符合一項或兩項以下描述的公司——

    (i) 其董事慣常或有義務（不論是正式或非正式的義務）按照該組織的指示、指令或意願行事；

    (ii) 該組織能夠憑藉其他因素在相當程度上控制它；

(b) 符合一項或兩項以下描述的並非公司的團體——

    (i) 其執行委員會（不論稱謂如何）的成員慣常或有義務（不論是正式或非正式的義務）按照該組織的指示、指令或意願行事；

(ii) 該組織能夠憑藉其他因素在相當程度上控制它；或

(c) 符合以下描述的團體：其組成或運作所據的法律、章程、規則或其他規管文件，有一項或兩項以下規定——

(i) 該團體的董事、高級人員或僱員，須由該組織的成員擔任；

(ii) 該團體的任何部分，須構成該組織的部分（不論稱謂如何）。

(4) 在第 (1) 款中**境外勢力**的定義的 (g) 段中，提述某政府、當局、政黨、組織或實體的關聯個人，即提述符合一項或兩項以下描述的個人——

(a) 該人慣常或有義務（不論是正式或非正式的義務）按照該政府、當局、政黨、組織或實體的指示、指令或意願行事；

(b) 該政府、當局、政黨、組織或實體能夠憑藉其他因素在相當程度上控制該人。


**7. 危害國家安全的罪行的涵義**

為免生疑問，在本條例或任何其他條例中，提述危害國家安全的罪行，包括——

(a) 《香港國安法》下的四類罪行（即分裂國家罪、

顛覆國家政權罪、恐怖活動罪及勾結外國或者境外勢力危害國家安全罪）；

(b) 《中華人民共和國香港特別行政區維護國家安全法第四十三條實施細則》下的罪行；

(c) 本條例所訂的罪行；及

(d) 特區的法律下其他危害國家安全的罪行。

## 8. 其他條例的釋義等

(1) 凡本條例與另一條例，如無本款的話是會有不一致之處的，則須以最能顧及本條例的目的和作用的方式，理解該另一條例。

(2) 凡另一條例提述特區的安全（包括與"特區的安全"意義相同的詞句），須理解為包括國家安全。

(3) 凡特區的法律授予某人任何職能 ——

(a) 該職能須理解為包括維護國家安全的責任；及

(b) 據此，任何人在作出執行該職能上的任何決定時，須將國家安全視為最重要的因素，並據此給予適當的考慮，

而在任何條例中與該等職能相關的提述，須據此理解。

## 9. 罪行條文的適用對象

除非條文另有規定，本條例所訂的罪行適用於在特區的所有人。如某罪行具有域外法律效力，該域外法律效力在相關的部內訂定。

# 第 2 部

# 叛國等

## 10. 叛國

(1) 任何中國公民 ——

    (a) 加入與中國交戰的外來武裝力量，或作為其中一分子；

    (b) 意圖損害中國在戰爭中的形勢，而協助在戰爭中與中國交戰的敵方；

    (c) 向中國發動戰爭；

    (d) 鼓動外國或外來武裝力量以武力入侵中國；或

    (e) 意圖危害中國的主權、統一或領土完整，而使用武力或威脅使用武力，

    即屬犯罪，一經循公訴程序定罪，可處終身監禁。

(2) 在本條中 ——

**外來武裝力量**（external armed force）指不屬於中國的武裝力量；

**與中國交戰的敵方**（enemy at war with China）包括與中

國交戰的外國政府或外來武裝力量。

## 11. 公開表明意圖犯叛國罪

任何中國公民意圖犯第 10(1) 條所訂罪行，並公開表明該項意圖，即屬犯罪，一經循公訴程序定罪，可處監禁 14 年。

## 12. 披露他人犯叛國罪的規定

(1) 如任何中國公民（**該人**）知悉另一人已犯、正犯或即將犯第 10(1) 條所訂罪行（**犯罪事宜**），則除非犯罪事宜是公眾已可知的，否則該人須在知悉犯罪事宜後，在合理地切實可行範圍內，盡快向警務人員披露犯罪事宜，以及該人所知悉並與犯罪事宜相關的關鍵事實。

(2) 任何中國公民違反第 (1) 款，即屬犯罪，一經循公訴程序定罪，可處監禁 14 年。

(3) 基於法律專業保密權的理由的申索、權利或享有權，不受本條影響。

(4) 本條將普通法下的隱匿叛國罪經適當改善而訂為成文法條文。

## 13. 非法操練

(1) 如 ——

(a) 任何人未經保安局局長或警務處處長准許，而向其他人提供指明操練；或

(b) 任何人為向其他人提供指明操練，出席旨在提供指明操練的聚會，而該聚會是未經保安局局長或警務處處長准許舉行的，

該人即屬犯罪，一經循公訴程序定罪，可處監禁7年。

(2) 任何人 ——

(a) 在第 (1)(b) 款所述的聚會中，接受指明操練；或

(b) 出席第 (1)(b) 款所述的聚會，旨在接受指明操練，

即屬犯罪，一經循公訴程序定罪，可處監禁3年。

(3) 任何人未經保安局局長或警務處處長准許 ——

(a) 接受或參與由境外勢力策劃或以其他方式主導進行的指明操練；或

(b) 接受或參與在境外勢力控制、指使、資助或支援下進行的指明操練，

即屬犯罪，一經循公訴程序定罪，可處監禁5年。

(4) 任何人未經保安局局長或警務處處長准許 ——

    (a) 在由境外勢力策劃或以其他方式主導舉行的聚會中，提供指明操練；

    (b) 代境外勢力提供指明操練；

    (c) 在與境外勢力合作下，提供指明操練；

    (d) 在境外勢力控制、監督、指使或要求下，提供指明操練；或

    (e) 在境外勢力資助或以其他方式支援下，提供指明操練，

即屬犯罪，一經循公訴程序定罪，可處監禁 10 年。

(5) 第 (3) 及 (4) 款不適用於以下情況 ——

    (a) 指明作為是有關的人以其公務人員身分履行職責所需的；

    (b) 有關指明操練是根據特區法律進行的；

    (c) 有關的人並非中國公民，並具有某外國的國籍，而該人因在該外國的政府的武裝部隊中服務，或因擔任該外國的政府的執法人員，作出指明作為；

    (d) 有關的人具有某外國的國籍或居民身分，而該人為遵守該外國的法律規定而在該外國的政府的武裝部隊中服務，因而作出指明作為；

    (e) 中國有參與有關指明操練，而有關的人以軍人

或執法人員身分作出指明作為；或

(f) 有關指明操練由外國政府的軍事、國防或警察部門提供，而該等操練是教育機構為在該教育機構接受全日制教育的學生舉辦或安排的課程或課餘活動的一部分。

(6) 如 ——

(a) 某人在本條生效日期 * 之前作出某項作為，而該項作為在該日期當日或之後仍然持續；或

(b) 某人根據在該日期之前訂立的某項安排或協議，在該日期當日或之後作出某項作為，

而該人若非因有本款便會就該項作為而犯了第 (3) 或 (4) 款所訂罪行，則該人不得就該項作為而被裁定犯上述罪行。

(7) 凡任何作為是在本條生效日期後 6 個月屆滿後作出或繼續作出的，第 (6) 款並不就該項作為而適用。

(8) 在本條中 ——

**指明作為**（specified act）就第 (3) 或 (4) 款所訂罪行而言，指構成該罪行的作為；

**指明操練**（specified drilling）——

(a) 指以下事宜的訓練或操練 ——

---

編輯附註：

* 生效日期：2024 年 3 月 23 日。

17

(i) 使用攻擊性武器（《公安條例》（第 245 章）第 2(1) 條所界定者）；

(ii) 進行軍事練習；或

(iii) 進行變陣演習；但

(b) 如某項活動屬 (a)(i) 段所指的訓練或操練但純粹為康樂目的而進行的——不包括該項活動；

*教育機構*（educational establishment）——

(a) 指任何大學、學院、學校或其他相類似的教育機構；但

(b) 不包括專門提供軍事訓練或操練課程的教育機構。


## 14. 本部的域外法律效力

(1) 如——

(a) 任何屬中國公民的特區居民，在特區以外地方作出任何作為；而

(b) 該項作為假若是在特區作出即構成第 10(1) 條所訂罪行，

則該居民即屬犯該罪行。

(2) 如——

(a) 任何——

(i) 香港永久性居民；

(ii) 在特區成立、組成或註冊的法人團體；或

(iii) 不論是法團抑或不是法團的在特區有業務地點的團體，

在特區以外地方作出任何作為；而

(b) 該項作為假若是在特區作出即構成第 13(3) 或 (4) 條所訂罪行，

則該居民或該團體即屬犯該罪行。

(3) 在本條中 ——

***特區居民***（HKSAR resident）指 ——

(a) 香港永久性居民；或

(b) 符合獲發《人事登記條例》（第 177 章）所指的身分證的資格，但沒有《入境條例》（第 115 章）所指的香港居留權的人。

# 第 3 部

# 叛亂、煽惑叛變及離叛，以及具煽動意圖的作為等

## 第 1 分部 —— 叛亂

### 15. 叛亂

如 ——

(a) 任何人加入與中國武裝力量進行武裝衝突的武裝力量，或作為其中一分子；

(b) 任何人意圖損害中國武裝力量在武裝衝突中的形勢，而協助與中國武裝力量進行武裝衝突的武裝力量，或協助該武裝力量所屬的政府、當局或組織；

(c) 任何人向中國武裝力量發動武裝衝突；或

(d) 任何人 ——

(i) 意圖危害中國的主權、統一或領土完整或特區整體的公共安全；或

(ii) 罔顧是否會危害中國的主權、統一或領土

完整或特區整體的公共安全，

而在特區作出暴力作為，

該人即屬犯罪，一經循公訴程序定罪，可處終身監禁。

## 16. 本分部的域外法律效力

(1) 如——

    (a) 任何——

        (i) 屬中國公民的特區居民；

        (ii) 在特區成立、組成或註冊的法人團體；或

        (iii) 不論是法團抑或不是法團的在特區有業務地點的團體，

    在特區以外地方作出任何作為；而

    (b) 該項作為假若是在特區作出即構成第 15 條所訂罪行，則該居民或該團體即屬犯該罪行。

(2) 在本條中——

***特區居民***（HKSAR resident）指——

    (a) 香港永久性居民；或

    (b) 符合獲發《人事登記條例》（第 177 章）所指的身分證的資格，但沒有《入境條例》（第 115 章）所指的香港居留權的人。

# 第 2 分部 —— 煽惑中國武裝力量成員叛變、協助該等成員放棄職責等

### 17. 煽惑中國武裝力量成員叛變

(1) 任何人明知而煽惑中國武裝力量成員 ——

    (a) 放棄職責及放棄向中國效忠；或

    (b) 組織、發動或參與叛變，

即屬犯罪，一經循公訴程序定罪，可處終身監禁。

(2) 在本條中 ——

**叛變**（mutiny）的涵義如下：凡 2 名或多於 2 名人士作出以下作為，而該等人士屬中國武裝力量成員，或當中最少 2 名人士屬中國武裝力量成員，則該項作為即屬**叛變** ——

    (a) 推翻中國武裝力量的合法權力，或推翻正與中國武裝力量合作行動的外國政府或組織的軍隊或部隊的合法權力；或

    (b) 反抗上述合法權力，而反抗方式嚴重影響中國武裝力量的運作效率，或嚴重影響正與中國武裝力量合作行動的外國政府或組織的軍隊或部隊或其任何部分的運作效率。

## 18. 協助中國武裝力量成員放棄職責或擅離職守

(1) 任何人知悉中國武裝力量成員即將放棄職責或擅離職守，仍協助該成員作出該行動，即屬犯罪，一經循公訴程序定罪，可處監禁 7 年。

(2) 任何人知悉中國武裝力量成員即將放棄職責或擅離職守，仍勾結境外勢力，協助該成員作出該行動，即屬犯罪，一經循公訴程序定罪，可處監禁 10 年。

(3) 任何人知悉中國武裝力量成員已放棄職責或擅離職守，仍 ——

(a) 藏匿該成員；

(b) 協助該成員藏匿；或

(c) 協助該成員逃離合法羈押，

即屬犯罪，一經循公訴程序定罪，可處監禁 7 年。

(4) 任何人知悉中國武裝力量成員已放棄職責或擅離職守，仍勾結境外勢力 ——

(a) 藏匿該成員；

(b) 協助該成員藏匿；或

(c) 協助該成員逃離合法羈押，

即屬犯罪，一經循公訴程序定罪，可處監禁 10 年。

# 第 3 分部 —— 煽惑離叛等

### 19. 煽惑公職人員離叛

(1) 任何人明知而煽惑公職人員放棄擁護《基本法》及放棄向特區效忠，即屬犯罪，一經循公訴程序定罪，可處監禁 7 年。

(2) 任何人勾結境外勢力，明知而煽惑公職人員放棄擁護《基本法》及放棄向特區效忠，即屬犯罪，一經循公訴程序定罪，可處監禁 10 年。

(3) 在本條中——

**公職人員**（public officer）指——

(a) 擔任特區政府轄下的受薪職位的人，不論該職位屬永久或臨時性質；

(b) 任何以下人士（如該人不屬於 (a) 段所指的人）——

(i) 按照《基本法》委任的特區政府主要官員；

(ii) 根據《外匯基金條例》（第 66 章）第 5A 條委任的金融管理專員或根據該條例第 5A(3) 條委任的人；

(iii) 公務員敍用委員會主席；

(iv) 廉政公署的職員；

(v)  申訴專員或根據《申訴專員條例》（第 397 章）第 6 條委任的人；

(vi)  個人資料私隱專員或其根據《個人資料（私隱）條例》（第 486 章）僱用或聘用的人；

(vii) 平等機會委員會的主席或成員，或由該委員會根據《性別歧視條例》（第 480 章）僱用或聘用的人；

(viii)司法人員或司法機構的職員；

(c)  行政會議成員；

(d)  立法會議員；

(e)  區議會議員；

(f)  《行政長官選舉條例》（第 569 章）第 2(1) 條所界定的選舉委員；或

(g)  屬根據第 20 條指明的類別的人士。


## 20. 公職人員的指明

為施行第 19 條，行政長官會同行政會議如合理地認為，將屬某類別的人士指明為公職人員，是維護國家安全所需者，則可藉在憲報刊登的命令，將屬該類別的人士指明為公職人員。

### 21. 煽惑中央駐港機構人員離叛

(1) 任何人明知而煽惑任何以下中央駐港機構的人員（***中央駐港機構人員***）放棄職責及放棄向中國效忠，即屬犯罪，一經循公訴程序定罪，可處監禁 7 年——

    (a) 中央人民政府駐香港特別行政區聯絡辦公室；

    (b) 中央人民政府駐香港特別行政區維護國家安全公署；

    (c) 中華人民共和國外交部駐香港特別行政區特派員公署。

(2) 任何人勾結境外勢力，明知而煽惑中央駐港機構人員放棄職責及放棄向中國效忠，即屬犯罪，一經循公訴程序定罪，可處監禁 10 年。

### 22. 意圖犯指明罪行而管有煽惑性質的文件或物品

(1) 任何人出於犯指明罪行的意圖，管有某種性質的文件或其他物品，而將該種性質的文件或物品分發予相關人員是會構成該指明罪行的，即屬犯罪，一經循公訴程序定罪，可處監禁 3 年。

(2) 在本條中——

***指明罪行***（specified offence）指第 17、19 或 21 條所訂罪行；

***相關人員***（relevant officer）指——

    (a)  就第 17 條所訂罪行而言——中國武裝力量成員；

    (b)  就第 19 條所訂罪行而言——該條所指的公職人員；

    (c)  就第 21 條所訂罪行而言——該條所指的中央駐港機構人員。

# 第 4 分部 —— 具煽動意圖的作為等

## 23. 煽動意圖

(1)  就本分部而言——

    (a)  任何人如出於一項或多於一項第 (2) 款所指明的意圖而作出某項作為，即屬出於煽動意圖而作出該項作為；及

    (b)  任何作為、文字或刊物如具一項或多於一項第 (2) 款所指明的意圖，即屬具煽動意圖的作為、文字或刊物。

(2)  有關意圖如下——

    (a)  意圖引起中國公民、香港永久性居民或在特區

的人，對以下制度或機構的憎恨或藐視，或對其離叛——

(i) 《中華人民共和國憲法》確定的國家根本制度；

(ii) 《中華人民共和國憲法》規定的國家機構；或

(iii) 以下中央駐港機構——

    (A) 中央人民政府駐香港特別行政區聯絡辦公室；

    (B) 中央人民政府駐香港特別行政區維護國家安全公署；

    (C) 中華人民共和國外交部駐香港特別行政區特派員公署；或

    (D) 中國人民解放軍駐香港部隊；

(b) 意圖引起中國公民、香港永久性居民或在特區的人，對特區的憲制秩序、行政、立法或司法機關的憎恨或藐視，或對其離叛；

(c) 意圖煽惑任何人企圖不循合法途徑改變——

(i) 中央就特區依法制定的事項；或

(ii) 在特區依法制定的事項；

(d) 意圖引起特區不同階層居民間或中國不同地區居民間的憎恨或敵意；

(e) 意圖煽惑他人在特區作出暴力作為；

(f) 意圖煽惑他人作出不遵守特區法律或不服從根據特區法律發出的命令的作為。

(3) 然而 ——

(a) 任何人如僅出於任何第 (4) 款所指明的意圖而作出某項作為，則不屬出於煽動意圖而作出該項作為；及

(b) 任何作為、文字或刊物如僅具任何第 (4) 款所指明的意圖，則不屬具煽動意圖的作為、文字或刊物。

(4) 有關意圖如下 ——

(a) 意圖就第 (2)(a) 或 (b) 款所指的制度或憲制秩序提出意見，而目的是完善該制度或憲制秩序；

(b) 意圖就關乎第 (2)(a) 或 (b) 款所指的機構或機關的事宜指出問題，而目的是就該事宜提出改善意見；

(c) 意圖勸說任何人嘗試循合法途徑改變 ——

(i) 中央就特區依法制定的事項；或

(ii) 在特區依法制定的事項；

(d) 意圖指出在特區不同階層居民間或中國不同地區居民間產生或有傾向產生憎恨或敵意，而目的是消除該項憎恨或敵意。

## 24. 煽動意圖的相關罪行

(1) 任何人 ——

    (a) 出於煽動意圖 ——

        (i) 作出具煽動意圖的作為；或

        (ii) 發表具煽動意圖的文字；

    (b) 明知刊物具煽動意圖而刊印、發布、出售、要約出售、分發、展示或複製該刊物；或

    (c) 輸入具煽動意圖的刊物，

    即屬犯罪，一經循公訴程序定罪，可處監禁 7 年。

(2) 任何人勾結境外勢力 ——

    (a) 出於煽動意圖 ——

        (i) 作出具煽動意圖的作為；或

        (ii) 發表具煽動意圖的文字；

    (b) 明知刊物具煽動意圖而刊印、發布、出售、要約出售、分發、展示或複製該刊物；或

    (c) 輸入具煽動意圖的刊物，

    即屬犯罪，一經循公訴程序定罪，可處監禁 10 年。

(3) 任何人無合理辯解而管有具煽動意圖的刊物，即屬犯罪，一經循公訴程序定罪，可處監禁 3 年。

(4) 在本條中 ——

***發布***（publish）包括——

> (a) 作出任何形式的通訊，包括講話、書寫、展示通告、廣播、於屏幕放映及播放紀錄帶或其他經記錄的材料；及

> (b) 傳布或提供。

## 25. 無需證明煽惑擾亂公共秩序或煽惑暴力的意圖

(1) 在就第 24(1)(a) 或 (2)(a) 條所訂罪行而進行的法律程序中——

> (a) 無需證明有關的人出於煽惑他人作出擾亂公共秩序的作為的意圖，而作出有關作為或發表有關文字；及

> (b) 除非第 23(2)(e) 條所指的意圖構成該罪行的其中一項元素，否則無需證明有關的人出於煽惑他人作出暴力作為的意圖，而作出有關作為或發表有關文字。

(2) 在就第 24(1)、(2) 或 (3) 條所訂罪行而進行的法律程序中——

> (a) 無需證明有關作為、文字或刊物（視何者屬適當而定）具煽惑他人作出擾亂公共秩序的作為的意圖；及

> (b) 除非第 23(2)(e) 條所指的意圖構成該罪行的其

中一項元素，否則無需證明有關作為、文字或刊物（視何者屬適當而定）具煽惑他人作出暴力作為的意圖。

## 26. 第 24(1)(c) 或 (2)(c) 條所訂罪行的免責辯護

(1) 被控犯第 24(1)(c) 或 (2)(c) 條所訂罪行的人，如確立在指稱的罪行發生時，自己並不知道有關刊物是具煽動意圖的刊物，即為免責辯護。

(2) 在以下情況下，某人須視作已確立需要就第 (1) 款所訂的免責辯護而確立的事宜 ——

(a) 有足夠證據，就該事宜帶出爭論點；及

(b) 控方沒有提出足以排除合理疑點的相反證明。

# 第 5 分部 —— 雜項條文

## 27. 移走或清除具煽動意圖的刊物的權力

(1) 執法人員 ——

(a) 可在第 (3) 款的規限下，進入任何處所或地方；及

(b) 可截停及登上任何運輸工具，

並可從該處移走或清除任何具煽動意圖的刊物。

(2) 執法人員可作出所有或任何以下行動 ——

    (a) 進入（並在有必要時可使用合理武力進入）其根據本條獲授權進入的處所或地方；

    (b) 以合理武力驅逐或移走妨礙其根據本條獲授權行使移走或清除權力的人或物品；

    (c) 扣留任何運輸工具，直至從該處將具煽動意圖的刊物全部移走或清除為止；

    (d) 在移走或清除具煽動意圖的刊物時，將任何人驅離（並在有必要時可使用合理武力將任何人驅離）任何運輸工具。

(3) 如具煽動意圖的刊物並非從公眾地方可見，則只有在符合以下情況下，方可行使第 (1)(a) 款所賦予的權力 ——

    (a) 事先取得有關處所或地方佔用人的准許；或

    (b) 根據及按照裁判官為此目的而發出的手令。

(4) 在本條中 ——

**執法人員**（law enforcement officer）指 ——

    (a) 警務人員；或

    (b) 獲保安局局長授權執行本條職能的執法機關人員；

***運輸工具***（conveyance）包括車輛、船隻、航空器及氣墊船。

## 28. 第 2、3 及 4 分部的域外法律效力

(1) 如 ——

    (a) 任何 ——

        (i) 屬中國公民的特區居民；

        (ii) 在特區成立、組成或註冊的法人團體；或

        (iii) 不論是法團抑或不是法團的在特區有業務地點的團體，

        在特區以外地方作出任何作為；而

    (b) 該項作為假若是在特區作出即構成第 17(1) 條所訂罪行，

    則該居民或該團體即屬犯該罪行。

(2) 如 ——

    (a) 任何 ——

        (i) 特區居民；

        (ii) 在特區成立、組成或註冊的法人團體；或

        (iii) 不論是法團抑或不是法團的在特區有業務地點的團體，

        在特區以外地方作出任何作為；而

(b) 該項作為假若是在特區作出即構成第 (3) 款指明的條文所訂罪行，

則該居民或該團體即屬犯該罪行。

(3) 為施行第 (2) 款而指明的條文是 ——

(a) 第 18(1)、(2)、(3) 或 (4) 條；

(b) 第 19(1) 或 (2) 條；

(c) 第 21(1) 或 (2) 條；或

(d) 第 24(1) 或 (2) 條。

(4) 在本條中 ——

**特區居民**（HKSAR resident） 指 ——

(a) 香港永久性居民；或

(b) 符合獲發《人事登記條例》（第 177 章）所指的身分證的資格，但沒有《入境條例》（第 115 章）所指的香港居留權的人。

# 第 4 部

# 與國家秘密及間諜活動相關的罪行

## 第 1 分部 —— 與國家秘密相關的罪行

### 29. 釋義

在本分部中 ——

***公職人員***（public officer）指 ——

(a) 擔任特區政府轄下的受薪職位的人，不論該職位屬永久或臨時性質；

(b) 任何以下人士（如該人不屬於 (a) 段所指的人）——

    (i) 按照《基本法》委任的特區政府主要官員；

    (ii) 根據《外匯基金條例》（第 66 章）第 5A 條委任的金融管理專員或根據該條例第 5A(3) 條委任的人；

    (iii) 公務員敘用委員會主席；

    (iv) 廉政公署的職員；

    (v) 申訴專員或根據《申訴專員條例》（第 397

章）第 6 條委任的人；

(vi) 個人資料私隱專員或其根據《個人資料（私隱）條例》（第 486 章）僱用或聘用的人；

(vii) 平等機會委員會的主席或成員，或由該委員會根據《性別歧視條例》（第 480 章）僱用或聘用的人；

(viii) 司法人員或司法機構的職員；

(c) 行政會議成員；

(d) 立法會議員；

(e) 區議會議員；

(f) 《行政長官選舉條例》（第 569 章）第 2(1) 條所界定的選舉委員；或

(g) 屬根據第 31 條指明的類別的人士；

**地區**（region）指特區以外的不屬國家的地區；

**披露**（disclose）就文件或其他物品而言，包括放棄對該文件或物品的管有，及披露該文件或物品所載有的資料；

**指明披露**（specified disclosure）——見第 30 條；

**政府承辦商**（government contractor）指任何不是公職人員，但屬——

(a) 為特區政府的目的，提供貨品或服務（或受僱

為該等目的提供貨品或服務）的人；或

(b) 根據以下協議或安排提供貨品或服務（或受僱根據以下協議或安排提供貨品或服務）的人：由行政長官核證為屬任何地區或地方的當局、任何外國政府（包括該政府轄下的機構）或任何國際組織屬其中一方的協議或安排的協議或安排，或附屬於任何該等協議或安排的或為執行任何該等協議或安排而訂立的協議或安排；

**國家秘密**（state secret）的涵義如下：若屬以下其中一項的秘密，在沒有合法權限下披露，便相當可能會危害國家安全，該秘密即屬**國家秘密**——

(a) 關乎中國或特區事務的重大決策的秘密；

(b) 關乎中國國防建設或中國武裝力量的秘密；

(c) 關乎中國外交或外事活動的秘密、關乎特區對外事務的秘密，或中國或特區對外承擔保密義務的秘密；

(d) 關乎中國或特區經濟或社會發展的秘密；

(e) 關乎中國或特區科技發展或科學技術的秘密；

(f) 關乎維護國家安全或特區安全或偵查罪行的活動的秘密；

(g) 關乎中央與特區之間的關係的秘密（包括與特區有關並且根據《基本法》是由中央管理的事務的資料）；

**資料**（information）除在第 33 或 34 條外，包括 ——

(a) 以電子形式儲存的資料；及

(b) 並非儲存於任何媒體的訊息或消息。

### 30. *指明披露的涵義*

(1) 在本分部中 ——

**指明披露**（specified disclosure）就某資料、文件或其他物品而言，指在以下情況下披露該資料、文件或物品 ——

(a) 作出該項披露的目的是揭露 ——

    (i) 嚴重影響特區政府依法執行職能的情況；或

    (ii) 一項對公共秩序、公共安全或公眾健康的嚴重威脅；

(b) 該項披露並不超逾揭露 (a)(i) 或 (ii) 段所述事宜所需的範圍；及

(c) 在顧及有關個案的整體情況下，作出該項披露所照顧的公眾利益，明顯重於不作出該項披露所照顧的公眾利益。

(2) 在斷定某人披露某資料、文件或其他物品，是否屬第 (1) 款中**指明披露**的定義的 (c) 段所述的情況時，須考慮 ——

(a) 該定義的 (a)(i) 或 (ii) 段所述事宜的嚴重性；

(b) 是否有替代該項披露並屬合理地切實可行的步驟，以及（如有的話）該人在作出該項披露前，是否採取了該等步驟；

(c) 該人是否有合理理由相信該項披露符合公眾利益；

(d) 該項披露所照顧的公眾利益；

(e) 該項披露所帶來的損害或損害風險的程度；及

(f) 作出該項披露是否基於緊急情況。

## 31. 公職人員的指明

為施行本分部，行政長官會同行政會議如合理地認為，將屬某類別的人士指明為公職人員，是維護國家安全所需者，則可藉在憲報刊登的命令，將屬該類別的人士指明為公職人員。

## 32. 非法獲取國家秘密

(1) 任何人如 ——

(a) 明知某資料、文件或其他物品屬或載有國家秘密；或

(b) 有合理理由相信某資料、文件或其他物品屬或

載有國家秘密，並意圖危害國家安全，

而在沒有合法權限下，獲取該資料、文件或物品，即屬犯罪，一經循公訴程序定罪，可處監禁 5 年。

(2) 被控犯第 (1)(a) 款所訂罪行的人，如證明獲取有關資料、文件或物品的目的，是為作出該資料、文件或物品的指明披露，即為免責辯護。

(3) 任何人如明知某資料、文件或其他物品屬或載有國家秘密，並——

(a) 意圖危害國家安全；或

(b) 罔顧是否會危害國家安全，

而在沒有合法權限下，獲取該資料、文件或物品，即屬犯罪，一經循公訴程序定罪，可處監禁 7 年。

(4) 在本條中，提述某人獲取某資料、文件或其他物品——

(a) 包括該人索取、收集、記錄或複製該資料、文件或物品；但

(b) 不包括——

(i) 該資料、文件或物品在該人不知情的情況下，落入該人的實質管有；或

(ii) 在該人沒有採取任何步驟的情況下，該資料、文件或物品落入該人的管有或被該人知悉。

## 33. 非法管有國家秘密

(1) 任何人如 ——

  (a) 明知某資料、文件或其他物品屬或載有國家秘密；或

  (b) 有合理理由相信某資料、文件或其他物品屬或載有國家秘密，並意圖危害國家安全，

  而在沒有合法權限下，管有該資料、文件或物品，即屬犯罪，一經循公訴程序定罪，可處監禁 3 年。

(2) 被控犯第 (1)(a) 款所訂罪行的人，如證明管有有關資料、文件或物品的目的，是為作出該資料、文件或物品的指明披露，即為免責辯護。

(3) 任何人如明知某資料、文件或其他物品屬或載有國家秘密，並 ——

  (a) 意圖危害國家安全；或

  (b) 罔顧是否會危害國家安全，

  而在沒有合法權限下，管有該資料、文件或物品，即屬犯罪，一經循公訴程序定罪，可處監禁 5 年。

(4) 被控犯第 (1) 或 (3) 款所訂罪行的人，如確立以下事情，即為免責辯護 ——

  (a) 在指稱的罪行開始發生的時間 *(**開始時間**)* 之後，該人已採取一切合理步驟，盡快將該款所述的資料、文件或物品 ——

(i)　交予警務人員；或

(ii)　按照警務人員的指示處置；及

(b)　自開始時間起，至 (a)(i) 或 (ii) 段所述的事情發生為止，該人已採取一切合理步驟，以確使該資料、文件或物品不被披露。

(5)　在以下情況下，某人須視作已確立需要就第 (4) 款所訂的免責辯護而確立的事宜 ——

(a)　有足夠證據，就該事宜帶出爭論點；及

(b)　控方沒有提出足以排除合理疑點的相反證明。

(6)　在本條中 ——

*資料*（information）——

(a)　包括以電子形式儲存的資料；但

(b)　不包括並非儲存於任何媒體的訊息或消息。

## 34. 非法在離開特區時管有國家秘密

(1)　任何屬（或曾經屬）公職人員的人如 ——

(a)　憑藉其公職人員身分而獲取或管有（或曾經獲取或管有）某資料、文件或其他物品；

(b)　明知該資料、文件或物品屬或載有國家秘密；及

(c)　意圖危害國家安全，或罔顧是否會危害國家安

全，而在沒有合法權限下，在離開特區時管有該資料、文件或物品，

即屬犯罪，一經循公訴程序定罪，可處監禁 7 年。

(2) 就乘搭離境運輸工具離開特區的人而言，在第 (1) 款中提述該人管有某資料、文件或其他物品，包括任何以下情況——

(a) 該資料、文件或物品屬該人的個人物品的一部分，並由該運輸工具運載；

(b) 該資料、文件或物品在該人的托運行李內（不論是否由或將會由同一運輸工具運載）。

(3) 在本條中——

**資料**（information）——

(a) 包括以電子形式儲存的資料；但

(b) 不包括並非儲存於任何媒體的訊息或消息；

**離境運輸工具**（departure conveyance）指在離開特區的行程中使用的車輛、船隻、航空器、氣墊船或其他運輸工具。

## 35. 非法披露國家秘密

(1) 任何指明人士如在沒有合法權限下，披露憑藉其指明身分而獲取或管有（或曾經獲取或管有）的、屬或載有指明國家秘密的資料、文件或其他物品，即

屬犯罪，一經循公訴程序定罪，可處監禁 10 年。

(2) 被控犯第 (1) 款所訂罪行的指明人士，如確立在指稱的罪行發生時，自己既不知道亦無合理理由相信有關資料、文件或物品屬或載有指明國家秘密，即為免責辯護。

(3) 在以下情況下，某人須視作已確立需要就第 (2) 款所訂的免責辯護而確立的事宜 ——

(a) 有足夠證據，就該事宜帶出爭論點；及

(b) 控方沒有提出足以排除合理疑點的相反證明。

(4) 任何指明人士如 ——

(a) 憑藉其指明身分而獲取或管有（或曾經獲取或管有）某資料、文件或其他物品；

(b) 明知該資料、文件或物品屬或載有國家秘密（指明國家秘密除外）；及

(c) 在沒有合法權限下，披露該資料、文件或物品，

即屬犯罪，一經循公訴程序定罪，可處監禁 7 年。

(5) 任何指明人士如 ——

(a) 憑藉其指明身分而獲取或管有（或曾經獲取或管有）某資料、文件或其他物品；

(b) 明知該資料、文件或物品屬或載有國家秘密（指明國家秘密除外）；及

(c) 意圖危害國家安全，或罔顧是否會危害國家安全，而在沒有合法權限下，披露該資料、文件或物品，

即屬犯罪，一經循公訴程序定罪，可處監禁 10 年。

(6) 任何人如 ——

(a) 明知某資料、文件或其他物品屬或載有國家秘密；或

(b) 有合理理由相信某資料、文件或其他物品屬或載有國家秘密，並意圖危害國家安全，

而在沒有合法權限下，披露該資料、文件或物品，即屬犯罪，一經循公訴程序定罪，可處監禁 5 年。

(7) 被控犯第 (6)(a) 款所訂罪行的人，如證明披露有關資料、文件或物品屬一項指明披露，即為免責辯護。

(8) 任何人如明知某資料、文件或其他物品屬或載有國家秘密，並 ——

(a) 意圖危害國家安全；或

(b) 罔顧是否會危害國家安全，

而在沒有合法權限下，披露該資料、文件或物品，即屬犯罪，一經循公訴程序定罪，可處監禁 7 年。

(9) 在本條中，提述披露某資料、文件或其他物品，不包括將該資料、文件或物品 ——

(a) 交予警務人員；或

(b) 按照警務人員的指示處置。

(10) 在本條中 ——

**指明人士**（specified person）指屬（或曾經屬）公職人員或政府承辦商的人；

**指明身分**（specified capacity）——

(a) 就屬（或曾經屬）公職人員的人而言 —— 指該人作為公職人員的身分；或

(b) 就屬（或曾經屬）政府承辦商的人而言 —— 指該人作為政府承辦商的身分；

**指明國家秘密**（specified state secret）指屬第 29 條中**國家秘密**的定義的 (b)、(c) 或 (g) 段所述的秘密的國家秘密。

## 36. 非法披露因間諜活動所得的資料等

(1) 任何人如在沒有合法權限下，披露該人明知（或有合理理由相信）是因違反第 43(1) 條以致落入該人的管有的資料、文件或其他物品，即屬犯罪。

(2) 任何人犯第 (1) 款所訂罪行，一經循公訴程序定罪，可處監禁 10 年。

## 37. 非法披露看來屬機密事項的資料等

(1) 如——

  (a) 任何指明人士意圖危害國家安全，而在沒有合法權限下——

    (i) 披露任何資料、文件或其他物品；及

    (ii) 在作出該項披露時，表述或顯示該資料、文件或物品為該人士憑藉其指明身分而獲取或管有（或曾經獲取或管有）者；及

  (b) 該資料、文件或物品假若屬實的話，便會屬（或相當可能屬）機密事項，則不論該資料、文件或物品是否屬實，該人士即屬犯罪，一經循公訴程序定罪，可處監禁 5 年。

(2) 如——

  (a) 任何指明人士勾結境外勢力，意圖危害國家安全，而在沒有合法權限下——

    (i) 披露任何資料、文件或其他物品；及

    (ii) 在作出該項披露時，表述或顯示該資料、文件或物品為該人士憑藉其指明身分而獲取或管有（或曾經獲取或管有）者；及

  (b) 該資料、文件或物品假若屬實的話，便會屬（或相當可能屬）機密事項，

則不論該資料、文件或物品是否屬實，該人士即屬

犯罪，一經循公訴程序定罪，可處監禁 7 年。

(3) 被控犯第 (1) 或 (2) 款所訂罪行的指明人士，如確立在指稱的罪行發生時，自己既不知道亦無合理理由相信有關資料、文件或物品屬第 (1)(b) 或 (2)(b) 款（視屬何情況而定）所指者，即為免責辯護。

(4) 在以下情況下，某人須視作已確立需要就第 (3) 款所訂的免責辯護而確立的事宜——

(a) 有足夠證據，就該事宜帶出爭論點；及

(b) 控方沒有提出足以排除合理疑點的相反證明。

(5) 在本條中——

**指明人士**（specified person）指屬（或曾經屬）公職人員或政府承辦商的人；

**指明身分**（specified capacity）——

(a) 就屬（或曾經屬）公職人員的人而言——指該人作為公職人員的身分；或

(b) 就屬（或曾經屬）政府承辦商的人而言——指該人作為政府承辦商的身分；

**機密事項**（confidential matter）指符合以下說明的事項：若在沒有合法權限下披露該事項，便會損害中央或特區政府的利益。

## 38. 經授權的披露

(1) 就本分部而言，如公職人員按照其公務上的職責作出披露，該項披露即屬在合法權限下作出，亦僅在該等情況下該項披露方屬在合法權限下作出。

(2) 就本分部而言，如政府承辦商 ——

(a) 按照正式授權作出披露；或

(b) 憑藉某職能而屬政府承辦商，而該承辦商在沒有違反正式限制的情況下，為該職能的目的作出披露，

該項披露即屬在合法權限下作出，亦僅在該等情況下該項披露方屬在合法權限下作出。

(3) 就本分部而言，如既非公職人員亦非政府承辦商的人所作出的披露是按照正式授權作出的，該項披露即屬在合法權限下作出，亦僅在該等情況下該項披露方屬在合法權限下作出。

(4) 被控犯第 35、36 或 37 條所訂罪行的人，如確立在指稱的罪行發生時，相信自己有合法權限作出有關的披露，亦沒有合理理由相信情況並非如此，即為免責辯護。

(5) 在以下情況下，某人須視作已確立需要就第 (4) 款所訂的免責辯護而確立的事宜 ——

(a) 有足夠證據，就該事宜帶出爭論點；及

(b) 控方沒有提出足以排除合理疑點的相反證明。

(6) 在本條中——

**正式限制**（official restriction）指由公職人員或政府承辦商妥為施加的限制；

**正式授權**（official authorization）指由公職人員或政府承辦商妥為給予的授權。


## 39. 資料的保障

(1) 在以下情況下，第 (2) 款適用——

(a) 任何指明人士憑藉其作為指明人士的身分，管有或控制任何資料、文件或其他物品（**有關資料、文件或物品**）；及

(b) 若該指明人士在沒有合法權限下披露有關資料、文件或物品，便會犯第 35 或 36 條所訂罪行。

(2) 如指明人士——

(a) 如屬公職人員——在違反其公務上的職責的情況下保留有關資料、文件或物品；或

(b) 如屬政府承辦商——沒有遵從關於有關資料、文件或物品的交回或處置的正式指示，

或沒有採取可合理地期望一名處於該指明人士的位置的人會採取的謹慎措施，以防止有關資料、文件

或物品在未經授權下披露，該指明人士即屬犯罪。

(3) 被控犯第 (2)(a) 款所訂罪行的公職人員，如確立在指稱的罪行發生時，相信自己是按照其公務上的職責行事，亦沒有合理理由相信情況並非如此，即為免責辯護。

(4) 在以下情況下，某人須視作已確立需要就第 (3) 款所訂的免責辯護而確立的事宜 ——

(a) 有足夠證據，就該事宜帶出爭論點；及

(b) 控方沒有提出足以排除合理疑點的相反證明。

(5) 凡任何人管有或控制任何資料、文件或其他物品，而若該人在沒有合法權限下披露該資料、文件或物品，便會犯第 35 或 36 條所訂罪行，如有以下情況，該人即屬犯罪 ——

(a) 該人沒有遵從關於該資料、文件或物品的交回或處置的正式指示；或

(b) 該人 ——

(i) 按某些條款從指明人士取得該資料、文件或物品，而該等條款規定該資料、文件或物品須在機密情況下持有；或

(ii) 在某情況下從指明人士取得該資料、文件或物品，而該情況令該指明人士能夠合理地期望該資料、文件或物品會在機密情況下持有，

而該人沒有採取可合理地期望一名處於其位置
的人會採取的謹慎措施，以防止該資料、文件
或物品在未經授權下披露。

(6) 任何人犯第 (2) 或 (5) 款所訂罪行，一經循公訴程序
定罪，可處第 4 級罰款及監禁 3 個月。

(7) 凡有任何官方資料、文件或其他物品能被人用於取
覽被第 35 或 36 條禁止披露的任何資料、文件或其
他物品，則任何人披露該官方資料、文件或物品，
而從作出該項披露的情況來看，預期該官方資料、
文件或物品可能被人在沒有權限下用於該目的是合
理的，該人即屬犯罪。

(8) 就第 (7) 款而言，如有以下情況，有關的人所披露的
資料、文件或物品即屬官方資料、文件或物品 ——

    (a) 該人憑藉其作為指明人士的身分（或曾經憑藉
        該身分）而管有該資料、文件或物品；或

    (b) 該人明知（或有合理理由相信）某指明人士憑
        藉其作為指明人士的身分（或曾經憑藉該身分）
        而管有該資料、文件或物品。

(9) 任何人犯第 (7) 款所訂罪行，一經循公訴程序定
罪，可處罰款 $500,000 及監禁 2 年。

(10) 在本條中 ——

*正式指示*（official direction）指由指明人士妥為給予的
指示；

**指明人士**（specified person）指公職人員或政府承辦商。

### 40. 本分部的域外法律效力

(1) 如 ——

    (a) 任何 ——

        (i) 特區居民；

        (ii) 在特區成立、組成或註冊的法人團體；或

        (iii) 不論是法團抑或不是法團的在特區有業務地點的團體，

        在特區以外地方作出任何作為；而

    (b) 該項作為假若是在特區作出即構成第 32(1) 或 (3)、33(1) 或 (3)、35(6) 或 (8) 或 36(1) 條所訂罪行，

    則該居民或該團體即屬犯該罪行。

(2) 如任何人在特區以外地方作出任何作為，而該項作為假若是在特區作出即構成第 35(1)、(4) 或 (5) 或 37(1) 或 (2) 條所訂罪行，則該人即屬犯該罪行。

(3) 在本條中 ——

**特區居民**（HKSAR resident）指 ——

    (a) 香港永久性居民；或

    (b) 符合獲發《人事登記條例》（第 177 章）所指的

身分證的資格，但沒有《入境條例》（第 115 章）
所指的香港居留權的人。

# 第 2 分部 —— 與間諜活動相關的罪行

## 41. 釋義

(1) 在本分部中 ——

*文件*（document）包括文件的一部分；

*地方*（place）指任何地方，並包括 ——

(a) 任何運輸工具；及

(b) 任何帳幕或構築物（不論是否可移動的或是否
離岸的）；

*軍火*（munitions）包括擬在戰爭或武裝衝突中使用（或經
改裝以在戰爭或武裝衝突中使用）的任何船隻、航
空器、坦克或類似機器的整體或其任何部分、槍械
及彈藥、魚雷、水雷、地雷或空雷，以及任何擬作
該用途的其他物品、物料或裝置，不論是實有的或
擬有的；

*無人工具*（unmanned tool）指沒有人在其上的情況下操作
的運輸工具或其他以動力驅動的機器；

***無線電通訊裝置***（radiocommunications installation）具有《電訊條例》（第 106 章）第 2(1) 條所給予的涵義；

***禁地***（prohibited place）指位於特區的 ——

(a) 防衛工事、軍火庫或軍事或國防設施；

(b) 根據《中華人民共和國香港特別行政區駐軍法》第十二條宣布為軍事禁區的地方；

(c) 屬於中央或特區政府（***有關當局***）、由有關當局佔用或代表有關當局佔用，並作軍事或國防用途的站所、工廠、船塢、坑道、雷場、營舍、船隻或航空器；

(d) 某一地方，它 ——

    (i) 是屬於有關當局、由有關當局佔用或代表有關當局佔用的地方；及

    (ii) 僅可由任何就該地方執行職能的人士進入，以及設計用作放置以下一項或多於一項，或相關設施 ——

        (A) 無線電通訊裝置；

        (B) 電訊系統；

        (C) 電訊裝置；

        (D) 電訊網絡；

        (E) 電訊線路；

(F) 伺服器；

(e) 屬於有關當局、由有關當局佔用或代表有關當局佔用，並用於建造、修理、製作或儲存任何供戰時或武裝衝突時使用的軍火、船隻、航空器、槍械或物料或工具，或用於建造、修理、製作或儲存與之有關的資料、文件或其他物品的地方，或屬於有關當局、由有關當局佔用或代表有關當局佔用，並為取得任何在戰時或武裝衝突時有用的金屬、石油或礦物的目的而使用的地方；

(f) 不屬於有關當局的地方，而在該地方內，有任何軍火或與之有關的任何資料、文件或其他物品正根據與有關當局或與代表有關當局的人訂立的合約而製作、修理、取得或儲存或在其他情況下代表有關當局而製作、修理、取得或儲存；或

(g) 根據第 42 條宣布為禁地的地方；

**運輸工具**（conveyance）包括車輛、船隻、航空器及氣墊船；

**電訊系統**（telecommunications system）具有《電訊條例》（第 106 章）第 2(1) 條所給予的涵義；

**電訊裝置**（telecommunications installation）具有《電訊條例》（第 106 章）第 2(1) 條所給予的涵義；

***電訊網絡***（telecommunications network）具有《電訊條例》（第 106 章）第 2(1) 條所給予的涵義；

***電訊線路***（telecommunications line）具有《電訊條例》（第 106 章）第 2(1) 條所給予的涵義。

(2) 在本分部中 ——

    (a) 提述傳達的詞句，包括任何傳達，不論是全部傳達或部分傳達，亦不論所傳達的是資料、文件或其他物品本身或只是傳達其內容或效果或對其所作的描述；

    (b) 提述傳達資料、文件或其他物品的詞句，包括轉移或轉傳資料、文件或其他物品，亦包括提供取得或接達資料、文件或其他物品的途徑；及

    (c) 提述取得資料、文件或其他物品的詞句，包括複製或安排複製資料、文件或其他物品的整體或其任何部分。

## 42. 禁地的宣布和守衞的授權

(1) 為施行本分部，行政長官如在顧及第 (2) 款指明的事宜下，合理地認為宣布某位於特區的地方為禁地，是維護國家安全所需者，則可藉在憲報刊登的命令宣布該地方為禁地。

(2) 有關事宜是 ——

(a) 有關地方的用途；

(b) 該地方的擁有人或佔用人；

(c) 在該地方內保存、儲存或處理的任何資料的性質；及

(d) 位於該地方內的任何科技、設備或物料的性質。

(3) 根據第 (1) 款作出的命令，可就某特定地方作出，亦可就某種類的地方作出。

(4) 行政長官可授權任何人或任何類別的人，作為就任何禁地履行守衛或警衛職責的人。

## 43. 間諜活動

(1) 如任何人意圖危害國家安全，而作出第 (2) 款指明的作為，該人即屬犯罪，一經循公訴程序定罪，可處監禁 20 年。

(2) 有關作為是 ——

(a) 接近、查察、從上方或下方越過、進入或接達禁地，或出現於毗鄰禁地之處（包括透過電子或遙距方式作出上述作為）；

(b) 致使無人工具接近、查察、從上方或下方越過、進入或接達禁地，或出現於毗鄰禁地之處（包括透過電子或遙距方式作出上述作為）；或

(c) 取得（包括以截取通訊方式取得）、收集、記

錄、製作或管有旨在對或擬對境外勢力有直接或間接用處的任何資料、文件或其他物品，或將之傳達予任何其他人。

(3) 如任何人勾結境外勢力，向公眾發布虛假或具誤導性的事實陳述，而——

(a) 該人——

(i) 意圖危害國家安全，或罔顧是否會危害國家安全，而如此發布該項陳述；及

(ii) 知道該項陳述屬虛假或具誤導性；或

(b) 該人——

(i) 意圖危害國家安全，而如此發布該項陳述；及

(ii) 有合理理由相信該項陳述屬虛假或具誤導性，

該人即屬犯罪，一經循公訴程序定罪，可處監禁 10 年。

(4) 就第 (3) 款而言——

(a) 如合理的人閱讀、聆聽或以其他方式得悉某項陳述後，會認為該項陳述是事實的表述，該項陳述即屬事實陳述；及

(b) 如某項事實陳述全部或在要項上屬虛假（不論該項陳述本身如此，或該項陳述在其語境中是

如此），該項陳述即屬虛假。

(5) 在本條中——

**通訊**（communication）具有《截取通訊及監察條例》（第589 章）第 2(1) 條所給予的涵義；

**截取**（interception）具有《截取通訊及監察條例》（第 589 章）第 2(1) 條所給予的涵義。

## 44. 在沒有合法權限下進入禁地等

如任何人——

(a) 在沒有合理辯解或合法權限下——

(i) 查察、從上方或下方越過、進入或接達禁地（包括透過電子或遙距方式作出上述作為）；或

(ii) 致使無人工具查察、從上方或下方越過、進入或接達禁地（包括透過電子或遙距方式作出上述作為）；及

(b) 明知（或有合理理由相信）自己在作出 (a)(i) 或 (ii) 段所述的作為時，並沒有合法權限作出該項作為，

該人即屬犯罪，一經循公訴程序定罪，可處監禁 2 年。

## 45. 可就禁地行使的權力

(1) 指明人員可命令 ——

(a) 任何人不得作出或停止作出第 43(2)(a) 或 (b) 條指明的作為；

(b) 已進入或接達（包括透過電子或遙距方式進入或接達）禁地的人立即離開禁地；

(c) 出現於毗鄰禁地之處的人立即離開該處；或

(d) 駕駛或操作在禁地或毗鄰禁地之處（*有關地方*）內的運輸工具的人，或操作在有關地方內的無人工具的人，將該運輸工具或無人工具移離有關地方。

(2) 指明人員可安排 ——

(a) 將在有關地方內的運輸工具或無人工具，移離有關地方；或

(b) 將運輸工具或無人工具從有關地方內的某處，移至有關地方內的另一處。

(3) 指明人員除非有合理理由相信行使第 (1) 或 (2) 款所賦予的權力是維護國家安全所需者，否則不得行使該權力。

(4) 任何人違反根據第 (1) 款作出的命令，即屬犯罪，一經循公訴程序定罪，可處監禁 2 年。

(5) 在本條中 ——

***指明人員***（specified officer）——

> (a) 就任何禁地而言——指任何以下的人——
>
> > (i) 警務人員；
> >
> > (ii) 根據第 42(4) 條就該禁地獲授權的人；或
>
> (b) 就屬於中央、由中央佔用或代表中央佔用的禁地而言——指掌管該禁地的機構所指派的就該禁地履行守衞或警衞職責的人。

## 46. 在禁地附近作出妨礙等

(1) 如任何指明人員正在就某禁地履行職責，而有另一人在該禁地附近——

> (a) 蓄意妨礙該指明人員履行該職責；
>
> (b) 在關乎該指明人員履行該職責的情況下，明知而誤導該指明人員；或
>
> (c) 蓄意以其他方式干預或阻礙該指明人員履行該職責，

該另一人即屬犯罪。

(2) 任何人犯第 (1) 款所訂罪行，一經循公訴程序定罪，可處監禁 2 年。

(3) 在本條中——

***指明人員***（specified officer）——

(a) 就任何禁地而言——指任何以下的人——

    (i) 警務人員；

    (ii) 根據第 42(4) 條就該禁地獲授權的人；或

(b) 就屬於中央、由中央佔用或代表中央佔用的禁地而言——指掌管該禁地的機構所指派的就該禁地履行守衛或警衛職責的人。

## 47. 參加或支援境外情報組織，或接受其提供的利益等

(1) 如任何人——

(a) 意圖危害國家安全；或

(b) 罔顧是否會危害國家安全，

而明知地就境外情報組織作出受禁作為，該人即屬犯罪，一經循公訴程序定罪，可處監禁 14 年。

(2) 如——

(a) 任何人罔顧是否會危害國家安全，而作出某項作為（**有關作為**）；

(b) 有關作為構成就境外情報組織作出的受禁作為；及

(c) 該人罔顧有關作為是否會構成上述受禁作為，

該人即屬犯罪，一經循公訴程序定罪，可處監禁 10 年。

(3) 行政長官可就某組織是否境外情報組織的認定問題發出證明文件，該文件對法院有約束力。

(4) 在本條中——

**利益**（advantage）指——

(a) 任何饋贈、貸款、費用、報酬或佣金，其形式為金錢、任何有價證券或任何種類的其他財產或財產權益；

(b) 任何職位、受僱工作或合約；

(c) 將任何貸款、義務或其他法律責任全部或部分予以支付、免卻、解除或了結；

(d) 任何其他服務或優待（款待除外），包括維護使免受已招致或料將招致的懲罰或資格喪失，或維護使免遭採取紀律、民事或刑事上的行動或程序，不論該行動或程序是否已經提出；

(e) 行使或不行使任何權利、權力或職責；及

(f) 有條件或無條件提供、承諾給予或答應給予(a)、(b)、(c)、(d) 或 (e) 段所指的任何利益；

**受禁作為**（prohibited act）就某境外情報組織而言，指——

(a) 成為該組織的成員；

(b) 接受該組織（或代該組織行事的人）的任務或培訓；

(c) 向該組織（或代該組織行事的人）提供實質支援（包括提供財政支援或資料，以及為該組織招募成員）；或

(d) 接受由該組織（或代該組織行事的人）提供的實質利益；

**財政支援**（financial support）指任何資金或其他財務資產或經濟資源；

**款待**（entertainment）指供應在當場享用的食物或飲品，以及任何與此項供應有關或同時提供的其他款待；

**經濟資源**（economic resources）指並非資金的各種資產，不論是有形的或無形的、是動產或不動產，並可用以取得資金、貨物或服務；

**資金**（funds）包括 ——

(a) 金幣、金錠、現金、支票、金錢的申索、銀票、匯票及其他作付款用的票據；

(b) 存於財務機構或其他實體的存款、帳户結餘、債項及債務責任；

(c) 證券及債務票據（包括股額及股份、代表證券的證明書、債券、票據、認購權證、債權證、債權股證及衍生工具合約）；

(d) 財產所孳生的利息、股息或其他收入、自財產累算的價值或財產所產生的價值；

(e) 信貸、抵銷權、保證或擔保、履約保證或其他

財務承擔；

(f) 信用狀、提單及賣據；

(g) 資金或財務資源的權益的證明文件；及

(h) 任何其他出口融資的票據；

**境外情報組織**（external intelligence organization）指由境外勢力設立並從事以下工作或活動（不論如何稱述）的組織——

(a) 情報工作；或

(b) 對其他國家或地方進行的顛覆或破壞活動。

## 48. 本分部的域外法律效力

(1) 如任何人在特區以外地方作出任何作為，而該項作為假若是在特區作出即構成第 43(1) 條所訂罪行（關乎第 43(2)(a) 或 (b) 條指明的作為者）或第 44 條所訂罪行，則該人即屬犯該罪行。

(2) 如——

(a) 任何——

(i) 屬中國公民的特區居民；

(ii) 在特區成立、組成或註冊的法人團體；或

(iii) 不論是法團抑或不是法團的在特區有業務地點的團體，

在特區以外地方作出任何作為；而

(b) 該項作為假若是在特區作出即構成第 43(1) 條
所訂罪行（關乎第 43(2)(c) 條指明的作為者）
或第 47(1) 或 (2) 條所訂罪行，

則該居民或該團體即屬犯該罪行。

(3) 如 ——

(a) 任何 ——

(i) 特區居民；

(ii) 在特區成立、組成或註冊的法人團體；或

(iii) 不論是法團抑或不是法團的在特區有業務
地點的團體，

在特區以外地方作出任何作為；而

(b) 該項作為假若是在特區作出即構成第 43(3) 條
所訂罪行，

則該居民或該團體即屬犯該罪行。

(4) 在本條中 ——

**特區居民**（HKSAR resident）指 ——

(a) 香港永久性居民；或

(b) 符合獲發《人事登記條例》（第 177 章）所指的
身分證的資格，但沒有《入境條例》（第 115 章）
所指的香港居留權的人。

# 第 5 部

# 危害國家安全的破壞活動等

## 49. 危害國家安全的破壞活動

(1) 如任何人——

    (a) 意圖危害國家安全；或

    (b) 罔顧是否會危害國家安全，

    而損壞或削弱公共基礎設施，該人即屬犯罪，一經循公訴程序定罪，可處監禁 20 年。

(2) 如任何人勾結境外勢力——

    (a) 意圖危害國家安全；或

    (b) 罔顧是否會危害國家安全，

    而損壞或削弱公共基礎設施，該人即屬犯罪，一經循公訴程序定罪，可處終身監禁。

(3) 就第 (1) 及 (2) 款而言，凡任何作為對公共基礎設施（包括組成該設施的東西或軟件）造成任何以下效果（不論在何時造成）——

    (a) 使該設施變得容易遭濫用或損壞；

    (b) 使無權接達或改動該設施的人，變得容易接達或改動該設施；

(c) 導致該設施無法發揮其完整或部分應有功能；

(d) 導致該設施並非如其擁有人（或該擁有人的代表）對其所設定的運作方式運作（即使該項作為不會令該設施的操作、組成該設施的東西或軟件或在該設施內儲存的資料的可靠性減損亦然），

該項作為即屬削弱該設施。

(4) 在本條中——

**公共基礎設施**（public infrastructure）指——

(a) 屬於中央或特區政府的，或由或代表中央或特區政府佔用的以下各項（不論其是否位於特區）——

(i) 基礎設施；

(ii) 設施或設備；

(iii) 網絡或電腦或電子系統；

(iv) 辦公處所；或

(v) 軍事或國防的設施或設備；

(b) 位於特區的公共交通工具、公共交通基礎設施或公共交通設施（包括機場及相關設施）；或

(c) 位於特區的——

(i) 提供或維持公共服務（例如金融、物流、水、電力、能源、燃料、排污、通訊、互聯網）的——

(A) 基礎設施；或

(B) 設施；或

(ii) 提供或管理第 (i) 節所述服務的電腦或電子系統。

## 50. 就電腦或電子系統作出危害國家安全的作為

(1) 如——

(a) 某人意圖危害國家安全，而在沒有合法權限下，就某電腦或電子系統作出某項作為；

(b) 該人知道自己在作出該項作為時，並沒有合法權限作出該項作為；及

(c) 該項作為危害（或相當可能危害）國家安全，

該人即屬犯罪，一經循公訴程序定罪，可處監禁 20 年。

(2) 就第 (1)(a) 款而言，在以下情況下，就某電腦或電子系統作出某項作為的人（**該人**），即屬在沒有合法權限下作出該項作為——

(a) 該人並非下述的人：對該電腦或電子系統負有責任，並有權決定是否可作出該項作為的人

（**負責人**）；及

(b) 該人在沒有獲負責人同意的情況下作出該項作為。

(3) 在本條中——

**電腦或電子系統**（computer or electronic system）包括組成電腦或電子系統的東西或軟件。

## 51. 本部的域外法律效力

如任何人在特區以外地方作出任何作為，而該項作為假若是在特區作出即構成第 49(1) 或 (2) 或 50(1) 條所訂罪行，則該人即屬犯該罪行。

# 第 6 部

# 危害國家安全的境外干預及從事危害國家安全活動的組織

## 第 1 分部 —— 危害國家安全的境外干預

### 52. 危害國家安全的境外干預

任何人如 ——

(a) 意圖帶來干預效果，而配合境外勢力作出某項作為；及

(b) 在如此作出該項作為時，使用不當手段，

即屬犯罪，一經循公訴程序定罪，可處監禁 14 年。

### 53. 帶來干預效果的涵義

(1) 在本分部中，提述帶來干預效果，即提述帶來一種或多於一種以下效果 ——

(a) 影響中央人民政府或特區行政機關 ——

(i) 制訂或執行任何政策或措施；或

(ii) 作出或執行任何其他決定，

包括影響中央人民政府或特區行政機關的官員，或其他獲授權執行其上述職能的人員，執行該職能；

(b) 影響立法會執行職能（包括影響任何立法會議員以該身分執行職能），或干預與立法會相關的程序；

(c) 影響法院執行職能（包括影響任何司法人員以該身分執行職能），或干預特區的司法；

(d) 干預任何選舉或與選舉相關的程序，包括 ——

(i) 影響他人行使其在《基本法》下就任何選舉而享有的選舉權或被選舉權；

(ii) 干預根據《行政長官選舉條例》（第 569 章）第 8 條組成選舉委員會的程序；及

(iii) 干預他人根據《區議會條例》（第 547 章）成為區議會議員的程序；

(e) 損害任何一項或多於一項以下關係 ——

(i) 中國與任何外國的關係；

(ii) 中央與特區的關係；

(iii) 中央與中國任何其他地區的關係；

(iv) 特區與中國任何其他地區的關係；

(v) 特區與任何外國的關係。

(2) 在本條中 ——

**選舉**（election）指《選舉（舞弊及非法行為）條例》（第 554 章）第 4(1) 條所列的選舉。

## 54. 配合境外勢力的涵義

就本分部而言，如有一項或多於一項以下情況，某人即屬配合境外勢力作出某項作為 ——

(a) 該人參與某項由境外勢力策劃或以其他方式主導的活動，而該項作為，是該人參與該項活動所牽涉的作為；

(b) 該人代境外勢力作出該項作為；

(c) 該人在與境外勢力合作下，作出該項作為；

(d) 該人在境外勢力控制、監督、指使或要求下，作出該項作為；

(e) 該人在境外勢力資助或以其他方式支援下，作出該項作為。

## 55. 使用不當手段的涵義

(1) 就第 52 條而言，該條所述的人（**當事者**）如符合 (a)、(b) 及 (c) 段當中至少一項的描述，即屬在作出該條所述的作為時，使用不當手段 ——

(a) 當事者在作出該項作為或其任何部分時，明知而對任何人作出關鍵失實陳述；

(b) 該項作為或其任何部分，是以任何一種或多於一種以下方式作出的 ——

    (i) 對任何人施予暴力，或威脅對任何人施予暴力；

    (ii) 摧毀或損毀任何人的財產，或威脅摧毀或損毀任何人的財產；

    (iii) 以其他方式使任何人蒙受財政上的損失，或威脅以其他方式使任何人蒙受財政上的損失；

    (iv) 使任何人的名譽受損，或威脅使任何人的名譽受損；

    (v) 使任何人受到心理傷害，或對任何人施予過分的心理壓力；

(c) 該項作為或其任何部分構成罪行。

(2) 就第 (1)(a) 款而言，關鍵失實陳述 ——

(a) 可藉口頭或書面陳述作出，亦可藉其他行徑作出；及

(b) 可屬明言或暗示。

(3) 在本條中，提述對任何人作出關鍵失實陳述，即提

述對該人作出虛假或具誤導性的陳述，而該項陳述具有防止該人洞悉任何以下事實的效果 ——

(a) 當事者意圖帶來干預效果而作出有關作為此一事實；或

(b) 當事者配合境外勢力而作出有關作為此一事實。

## 56. 代境外勢力作出作為的推定

(1) 凡有就第 52 條所訂罪行而對某人（**被告人**）提起任何法律程序，則在該法律程序中，如控方證明被告人意圖帶來干預效果而作出某項作為，則只要控方進一步證明 ——

(a) 被告人在如此作出該項作為前，曾就該項意圖，或曾就與該項意圖相關的事宜，與某境外勢力溝通；及

(b) 被告人知道或理應知道，該項作為或其任何部分 ——

(i) 是會使該境外勢力達到其目的的；或

(ii) 是會在其他情況下使該境外勢力得益的，

被告人即須被推定為就第 54(b) 條而言屬代該境外勢力作出該項作為。

(2) 然而，被告人在以下情況下，即屬推翻第 (1) 款所訂的推定 ——

(a) 有足夠證據，帶出被告人並非代有關境外勢力作出有關作為的爭論點；及

(b) 控方沒有提出足以排除合理疑點的相反證明。

## 57. 本分部的域外法律效力

(1) 如 ——

    (a) 任何 ——

        (i) 屬中國公民的特區居民；

        (ii) 在特區成立、組成或註冊的法人團體；或

        (iii) 不論是法團抑或不是法團的在特區有業務地點的團體，

        在特區以外地方作出任何作為；而

    (b) 該項作為假若是在特區作出即構成第 52 條所訂罪行，

    則該居民或該團體即屬犯該罪行。

(2) 在本條中 ——

***特區居民***（HKSAR resident）指 ——

    (a) 香港永久性居民；或

    (b) 符合獲發《人事登記條例》（第 177 章）所指的身分證的資格，但沒有《入境條例》（第 115 章）所指的香港居留權的人。

# 第 2 分部 —— 從事危害國家安全活動的組織

## 第 1 次分部 —— 導言

### 58. 釋義

在本分部中 ——

***受禁組織***（prohibited organization）的涵義如下：凡根據第 60(1) 或 (2) 條就某組織作出命令，而該項命令屬有效，該組織即屬***受禁組織***；

***政治性團體***（political body）指 ——

(a) 政黨或宣稱是政黨的組織；或

(b) 其主要功能或宗旨是為參加選舉（《選舉（舞弊及非法行為）條例》（第 554 章）第 4(1) 條所列者）的候選人宣傳或作準備的組織；

***組織***（organization）指 ——

(a) 《社團條例》（第 151 章）第 2(1) 條所界定的社團；

(b) 該條例的附表所列明的人；或

(c) 任何其他團體，而不論該團體屬何性質，亦不論該團體是否根據任何宗旨或目標而組成或成立，或是否按照任何宗旨或目標而運作；

**幹事**（office-bearer）——

（a）　就組織而言，指組織的會長、副會長、秘書或司庫，或組織的委員會成員或管治組織成員，或在組織擔任類似任何上述職位或職務的人；或

（b）　就受禁組織而言，指在受禁組織擔任普通成員以外任何職位或職務的人；

**境外政治性組織**（political organization of an external place）包括——

（a）　外國政府或其政治分部；

（b）　境外當局或其政治分部；

（c）　該政府或當局的代理人，或該政府或當局的政治分部的代理人；及

（d）　在境外的政黨或其代理人；

**獲授權人員**（authorized officer）指根據第 67 條委任的公務人員；

**聯繫**（connection）就屬政治性團體的組織而言，指以下情況——

（a）　該組織直接或間接尋求或接受境外政治性組織的資助、任何形式的財政上的贊助或支援或貸款，或其他方式的實質支援；

（b）　該組織直接或間接附屬於境外政治性組織；

(c) 該組織的任何政策是直接或間接由境外政治性組織釐定；或

(d) 在該組織的決策過程中，境外政治性組織直接或間接作出指示、控制、監督、主使或參與。

## 59. 本分部不影響《社團條例》的施行

本分部不影響《社團條例》（第 151 章）的施行。

# 第 2 次分部 —— 禁止從事危害國家安全活動的組織在特區運作

## 60. 禁止組織運作

(1) 如保安局局長合理地相信，禁止第 (3) 款指明的組織在特區運作或繼續運作，是維護國家安全所需者，則保安局局長可藉在憲報刊登的命令，禁止該組織在特區運作或繼續運作。

(2) 如第 (3)(a) 款指明的組織（***本地組織***）是政治性團體，並與境外政治性組織有聯繫，則保安局局長可藉在憲報刊登的命令，禁止該本地組織在特區運作或繼續運作。

(3) 為施行第 (1) 及 (2) 款而指明的組織是 ——

(a) 在特區組織和成立或總部或主要的業務地點設於特區的任何組織，但不包括 ——

    (i) 根據《公司條例》（第 622 章）（**《公司條例》**）註冊的公司；

    (ii) 根據《公司條例》第 2(1) 條所界定的《舊有公司條例》註冊的公司；或

    (iii)《公司條例》第 2(1) 條所界定的非香港公司（**非香港公司**）；或

(b) 在特區以外地方組織和成立而總部或主要的業務地點設於特區以外地方的任何組織（但不包括非香港公司），而有一項或多於一項以下情況適用於該組織 ——

    (i) 該組織在特區進行任何活動；

    (ii) 任何在特區的人以該組織的幹事或成員身分行事，或自稱或聲稱是該組織的幹事或成員；

    (iii) 任何在特區的人管理或協助管理該組織；

    (iv) 任何在特區的人在特區代該組織或與該組織合作進行任何活動，或在該組織控制、監督或指使下在特區進行任何活動；

    (v) 該組織煽惑、誘使或邀請任何在特區的人成為該組織的成員或管理或協助管理該組織；

(vi) 任何在特區的人向該組織付款或給予其他形式的援助，或為該組織的目的而付款或給予其他形式的援助；

(vii) 該組織直接或間接尋求或接受任何在特區的人的資助、貸款，或任何形式的財政上的贊助或其他形式的援助；

(viii) 該組織直接或間接向任何在特區的人提供資助、貸款，或任何形式的財政上的贊助或其他形式的援助。

(4) 保安局局長如事先沒有給予該組織機會，就為何不應根據第 (1) 或 (2) 款作出命令而作出該組織認為適當的陳詞或書面申述，則不得作出該項命令。

(5) 如保安局局長合理地相信給予該組織機會作出陳詞或書面申述，在該個案的情況下並不切實可行，第 (4) 款則不適用。

(6) 根據第 (1) 或 (2) 款作出的命令，須在切實可行範圍內盡快 ——

(a) 送達該組織；

(b) 在保安局局長指定的、於特區廣泛流通的一份中文報章及一份英文報章刊登；

(c) 在憲報刊登；及

(d) 在保安局局長指定的互聯網網站發布。

(7) 凡根據第 (1) 或 (2) 款作出命令，該項命令 ——

    (a) 一經在憲報刊登，即行生效；或

    (b) 如指明於較後日期生效 —— 在該指明日期生效。

## 61. 本地組織被禁止運作後的善後事宜

(1) 任何第 60(3)(a) 條指明的組織如根據第 60 條被禁止在特區運作或繼續運作（**本地受禁組織**），當禁止該組織運作或繼續運作的命令根據第 60(7) 條生效時，該組織即屬已解散。

(2) 本地受禁組織的每名幹事及成員的法律責任（如有的話）在該組織解散後仍然持續並可強制執行，猶如該組織未曾解散。

(3) 在緊接禁止本地受禁組織運作或繼續運作的命令根據第 60(7) 條生效前，如該組織有根據某指明條例獲註冊（不論如何描述，亦不論以何種方式進行），則第 (4) 及 (5) 款適用於該組織。

(4) 如該組織根據第 (1) 款屬已解散，第 (3) 款所述的註冊即屬已取消，而指明當局須 ——

    (a) 如根據該指明條例須就該項註冊備存登記冊（不論如何描述）—— 因應該項註冊取消而更新該登記冊；及

(b) 在憲報刊登關於該項註冊取消的公告。

(5) 凡該組織根據第 (1) 款屬已解散 ——

(a) 如該指明條例有條文在該組織根據該指明條例解散後適用 —— 該條文即猶如該組織是根據該指明條例解散的而適用；及

(b) 如該指明條例有適用於該組織的清盤的條文或具相同效力的其他條文 —— 該條文即適用於該組織。

(6) 第 (7) 款適用於以下本地受禁組織 ——

(a) 該組織並非第 (3) 款所述的組織；或

(b) 該組織屬第 (3) 款所述的組織，但有關指明條例既無適用於該組織的清盤的條文，亦無具相同效力的其他條文。

(7) 凡本地受禁組織根據第 (1) 款屬已解散，《公司（清盤及雜項條文）條例》（第 32 章）第 360E、360F、360G、360H、360I、360J、360K、360L 及 360M 條在經必要的變通後，即適用於該組織，猶如該組織屬根據該條例第 360C 條自公司登記冊中被剔除並解散的公司。

(8) 在本條中 ——

***指明條例***（specified Ordinance）指《公司條例》（第 622 章）及該條例第 2(1) 條所界定的《舊有公司條例》以外的條例；

**指明當局**（specified authority）就第 (3) 款所述的註冊而言，指——

(a) 如某人根據有關指明條例須就該項註冊備存登記冊（不論如何描述）——該人；或

(b) 如屬其他情況——保安局局長。

## 第 3 次分部 —— 與受禁組織相關的罪行

### 62. 禁止參與受禁組織的活動

(1) 任何人在某組織根據第 60 條被禁止在特區運作或繼續運作後——

(a) 身為該組織的幹事或以該組織的幹事身分行事，或自稱或聲稱是該組織的幹事；或

(b) 管理或協助管理該組織，

即屬犯罪，一經循公訴程序定罪，可處罰款 $1,000,000 及監禁 14 年。

(2) 任何人在某組織根據第 60 條被禁止在特區運作或繼續運作後——

(a) 身為該組織的成員或以該組織的成員身分行事，或自稱或聲稱是該組織的成員；

(b) 代該組織或與該組織合作進行任何活動，或在

該組織控制、監督或指使下進行任何活動；

(c) 參與該組織的集會；或

(d) 向該組織付款或給予其他形式的援助，或為該組織的目的而付款或給予其他形式的援助，

即屬犯罪，一經循公訴程序定罪，可處罰款 $250,000 及監禁 10 年。

(3) 以下作為不構成第 (1) 或 (2) 款所訂罪行 ——

(a) 在事先獲得保安局局長書面批准的情況下作出作為；

(b) 參與某法律程序，不論是以本人身分參與或作為屬該法律程序的一方的組織的代表而參與；

(c) 尋求、提供或接受任何法律服務，或就該等服務支付或收取任何款項；或

(d) 作出 (b) 或 (c) 段提述的作為所附帶的任何作為。

(4) 被控犯第 (1) 或 (2) 款所訂罪行的人，如確立在指稱的罪行發生時，自己既不知道亦無合理理由相信有關組織已根據第 60 條被禁止在特區運作或繼續運作，即為免責辯護。

(5) 在不影響第 (4) 款的原則下 ——

(a) 就身為受禁組織的幹事或以受禁組織的幹事身分行事而被控犯第 (1) 款所訂罪行的人，如確

立自己已採取一切合理步驟，並已盡應盡的努力，以終止該幹事身分；或

(b)　就身為受禁組織的成員或以受禁組織的成員身分行事而被控犯第 (2) 款所訂罪行的人，如確立自己已採取一切合理步驟，並已盡應盡的努力，以終止該成員身分，

即為免責辯護。

(6)　在以下情況下，某人須視作已確立需要就第 (4) 或 (5) 款所訂的免責辯護而確立的事宜 ——

(a)　有足夠證據，就該事宜帶出爭論點；及

(b)　控方沒有提出足以排除合理疑點的相反證明。

## 63. 容許受禁組織在處所內集會

任何人明知而容許受禁組織或受禁組織成員的集會在屬於該人或由該人佔用或控制的任何地方或處所舉行，即屬犯罪，一經循公訴程序定罪，可處罰款 $250,000 及監禁 7 年。

## 64. 煽惑他人成為受禁組織成員等

任何人煽惑、誘使或邀請他人成為受禁組織成員或協助管理受禁組織，或對他人使用暴力、作出威脅或恐嚇以誘使該人成為受禁組織成員或協助管理受禁組織，即屬

犯罪，一經循公訴程序定罪，可處罰款 $250,000 及監禁7 年。

## 65. 為受禁組織牟取會費或援助

任何人為受禁組織的目的而向他人牟取或企圖為受禁組織的目的而向他人牟取會費或援助，即屬犯罪，一經循公訴程序定罪，可處罰款 $250,000 及監禁 7 年。

## 66. 受禁組織的影子組織

(1) 在第 62(1)(a) 及 (b) 及 (2)(a)、(b)、(c) 及 (d) 條中，提述該組織，包括該組織的影子組織。

(2) 在第 63、64 及 65 條中，提述受禁組織，包括受禁組織的影子組織。

(3) 就本條而言，如某組織（**組織甲**）顯示自己是另一組織（**組織乙**），組織甲即屬組織乙的影子組織。

## 第 4 次分部 —— 雜項條文

## 67. 獲授權人員

為施行本分部，保安局局長可藉書面委任某公務人員為獲授權人員。

## 68. 組織須提供資料

(1) 獲授權人員可藉書面通知，規定任何組織以書面提供保安局局長為根據第 60 條執行其職能而合理需要的資料。

(2) 第 (1) 款所指的通知，須送達 ——

(a) 該組織；或

(b) 該組織的任何幹事或任何在特區管理或協助管理該組織的人。

(3) 根據第 (1) 款規定提供的資料，可包括該組織的收入、收入來源及開支。

(4) 第 (1) 款所指的通知，須指明提供資料的時限，而該時限不得少於 7 日。

(5) 獲授權人員可就向其提出的申請，在有好的理由提出後，酌情批准將有關時限延長。

## 69. 負責提供資料的人

(1) 第 68 條施加於任何組織的責任，對每名根據該條獲送達通知的該組織幹事及在特區管理或協助管理該組織的人，均有約束力。

(2) 如任何組織沒有遵從根據第 68 條送達的通知的全部或部分規定，則每名第 (1) 款所述的人，一經循簡易程序定罪，可處第 4 級罰款，但如該人確立而使法庭信納，該人已盡應盡的努力，以及該人沒有遵從該通知的規定是由於非該人所能控制的原因所致的，則屬例外。

(3) 為遵從根據第 68 條送達的通知的規定而向保安局局長提供的任何資料，如在要項上是虛假、不正確或不完整的，則提供該等資料的人，一經循簡易程序定罪，可處第 4 級罰款，但如該人確立而使法庭信納，該人當時有好的理由相信該等資料是真實、正確及完整的，則屬例外。

## 70. 視察非住宅處所的權力

為使保安局局長能根據第 60 條執行其職能，警司級或以上的警務人員如合理地相信，某組織或其成員將某非住宅處所設置為或用作為進行集會或活動的地點或經營業務的地點，則該警務人員（或獲其授權的警務人員）可在上述集會或活動進行的時間、上述業務經營的時間，或任何其他合理時間，進入和視察該非住宅處所。

## 71. 在特定情況下搜查地方的權力

(1) 如裁判官因經獲授權人員宣誓而作的告發，信納有合理理由懷疑，在某地方有任何指明證據，則裁判官可發出手令。

(2) 上述手令可授權獲授權人員及該手令所指明的其他

人，作出所有或任何以下行動 ——

(a) 進入和搜查該地方；

(b) 在覺得任何物件屬指明證據時，檢取、移走或扣押該物件；

(c) 如任何人或物件妨礙該人員或該其他人行使本條賦予該人員或該其他人的權力 —— 強行移走該人或物件；

(d) 扣留在該地方發現的人，直至完成搜查該地方為止。

(3) 如 ——

(a) 警司級或以上的警務人員有合理理由懷疑，在某地方有任何指明證據；及

(b) 取得手令，必然引致阻延，此項阻延相當可能導致證據喪失或毀滅，或有任何其他理由，使取得上述手令並非合理地切實可行，

則該警務人員（或獲其授權的警務人員）可在沒有根據第 (1) 款發出的手令的情況下，就該地方行使第 (2) 款提述的任何權力。

(4) 在本條中 ——

*地方*（place）指任何地方，並包括 ——

(a) 任何車輛、船隻、航空器、氣墊船或其他運輸工具；

(b) 任何帳幕或構築物（不論是否可移動的或是否離岸的）；及

(c) 任何電子設備；

**指明證據**（specified evidence）指屬或包含（或相當可能屬或包含）保安局局長在根據第 60 條執行其職能方面所需要的證據的任何物件。

## 72. 沒收

屬於受禁組織的任何簿冊、帳目、字據、旗幟、徽章或其他動產，一經裁判官發出命令，均須予以沒收和交由保安局局長按其認為適當的方式處置。

## 73. 通知等的送達

如無相反證據，則根據本分部須向某人或某組織送達的通知或命令，在以下情況下，須當作已經送達 ——

(a) 就個人而言，該通知或命令 ——

(i) 已交付該人；

(ii) 已留在該人最後為人所知的供送達文件的地址，或其最後為人所知的居住地方或業務地址；

(iii) 已藉郵遞寄往該人最後為人所知的供送達文件的地址，或其最後為人所知的通信地

址，以寄交該人，而不論該地址是否在
特區；

(iv) 已藉電郵、圖文傳真或其他類似的方法送
往該人最後為人所知的供送達文件的地
址，或其最後為人所知的通信地址，或其
最後為人所知的居住地方或業務地址，以
送交該人，而不論該地址或地方是否在特
區；或

(v) 已透過互聯網或相類似的電子網絡發布，
以令該人知悉該通知或命令所關乎的
事宜；

(b) 就組織而言，該通知或命令 ——

(i) 已給予或送達該組織的幹事或管理或協助
管理該組織的人士；

(ii) 已留在該組織最後為人所知的供送達文件
的地址，或其最後為人所知的地址；

(iii) 已藉郵遞寄往該組織最後為人所知的供送
達文件的地址，或其最後為人所知的通信
地址，以寄交該組織，而不論該地址是否
在特區；

(iv) 已藉電郵、圖文傳真或其他類似的方法送
往該組織最後為人所知的供送達文件的地
址，或其最後為人所知的通信地址，或其

最後為人所知的地址，以送交該組織，而不論該地址是否在特區；或

(v) 已透過互聯網或相類似的電子網絡發布，以令該組織的幹事或管理或協助管理該組織的人士知悉該通知或命令所關乎的事宜。

# 第 7 部

# 與維護國家安全相關的執法權力及訴訟程序等

## 第 1 分部 —— 執法權力及其他與調查相關的事宜

## 第 1 次分部 —— 為調查危害國家安全罪行可向法院申請延長羈留期

74. **釋義**

(1) 在本次分部中 ——

***首段羈留期***（first detention period）指第 75(2) 條提述的 48 小時期間；

***被捕人***（arrested person）—— 見第 75(2) 條；

***《第 232 章》***（Cap. 232）指《警隊條例》（第 232 章）；

***醫院***（hospital）指 ——

(a) 《醫院管理局條例》（第 113 章）附表 1 或 2 中

指明的醫院；或

(b) 由特區政府經辦或管理用作醫療診斷或治療的
診所。

(2) 在根據本次分部計算某期間時，被捕人在醫院接受
醫療診斷或治療的時間、該人前往醫院的時間或該
人自醫院返回的時間，均不計算在內，但如該人在
醫院時接受警務人員訊問，或在前往醫院或自醫院
返回的途中，有任何時間接受警務人員訊問，而訊
問的目的是為了取得關乎某罪行的證據，則在根據
本次分部計算某期間時，該等訊問時間均須計算
在內。

## 75. 本次分部適用於因危害國家安全的罪行而被拘捕的人

(1) 如 ——

(a) 某人因被合理地懷疑干犯危害國家安全的罪行
而被拘捕；及

(b) 該人須根據《第 232 章》第 52 條，在切實可行
範圍內，盡快帶到裁判官席前，

則本次分部就該人而適用。

(2) 除第 78(1) 條另有規定外，被警方羈留的上述的人
（**被捕人**）須在切實可行範圍內，盡快帶到裁判官席
前，而無論如何，不得遲於在該人被拘捕後的 48 小
時期間屆滿後首次有裁判法院開庭之時。

## 76. 向法院申請延長羈留期

(1) 總警司級或以上的警務人員或獲其授權的警務人員，可向裁判官提出以經宣誓而作的告發支持的申請，要求將被捕人在沒有被落案起訴的情況下被警方羈留的期間，延長或進一步延長。

(2) 支持上述申請的告發 ——

    (a) 須由總督察級或以上的警務人員作出；及

    (b) 須述明 ——

        (i) 該罪行的性質；

        (ii) 拘捕被捕人所憑藉的證據的概括性質；

        (iii) 警方已就該罪行作出何種查究，以及警方建議作出何種進一步查究；及

        (iv) 基於何種原因，而有必要繼續羈留被捕人。

## 77. 法院就申請延長羈留期的聆訊

(1) 除非以下條件獲符合，否則裁判官不得就有關申請進行聆訊 ——

    (a) 被捕人已獲給予該項申請的申請書的複本（支持該項申請的告發則無需給予被捕人）；及

    (b) 被捕人已為了就該項申請進行聆訊，而被帶到裁判官席前。

(2) 如被捕人並無律師或大律師代表，但意欲有律師或大律師代表，則——

(a) 裁判官可將申請聆訊押後一段合理期間，使該人能夠獲得律師或大律師代表，而該期間不得超逾——

(i) 如屬被捕人被拘捕後的首次申請——自首段羈留期屆滿後起計的 7 日；及

(ii) 如屬其後的申請——自上一段延長期屆滿後起計的 7 日，或自首段羈留期屆滿後起計的 14 日，兩者以較早者為準；及

(b) 在聆訊押後期間，被捕人交由警方羈留。

## 78. 法院就申請延長羈留期的決定

(1) 如就申請進行聆訊的裁判官信納，有合理理由相信延長（或進一步延長）被捕人被警方羈留的期間屬有理可據，則該裁判官可作出授權，將被捕人在沒有被落案起訴的情況下被警方羈留的期間——

(a) 如屬被捕人被拘捕後的首次申請——延長，延長期為一段自首段羈留期屆滿後起計的不超逾 7 日的期間；及

(b) 如屬其後的申請——進一步延長，每段延長期不得超逾 7 日，而延長期亦不得致使被捕人的總羈留期間，超逾自首段羈留期屆滿後起計的 14 日。

(2) 就第 (1) 款而言，只有在以下情況下，延長（或進一步延長）被捕人被警方羈留的期間方屬有理可據——

(a) 警方正努力並迅速地進行該罪行的調查，而調查按理不能在有關申請日期前完成；及

(b) 被捕人在沒有被落案起訴的情況下被羈留，對保障或保存該罪行的證據，或對訊問該人以取得該等證據，屬於必要。

(3) 根據第 (1) 款作出的授權——

(a) 須採用書面形式；及

(b) 須述明——

(i) 該項授權的作出時間；及

(ii) 授權將被捕人交由警方羈留的期間。

(4) 如裁判官根據第 (1) 款，授權延長（或進一步延長）被捕人被警方羈留的期間（**經延長期間**），則除非該人被落案起訴，否則須在該經延長期間屆滿之時或之前，在《第 232 章》第 52(3) 條適用的情況下，釋放該人。

(5) 如裁判官根據第 (1) 款拒絕申請，則除非被捕人被落案起訴，否則須在以下時間，在《第 232 章》第 52(3) 條適用的情況下，釋放該人——

(a) 如屬被捕人被拘捕後的首次申請——

(i) 在首段羈留期屆滿之時或之前；或

(ii) 如該項申請遭拒絕時首段羈留期已屆滿——該項申請的聆訊完結時；及

(b) 如屬其後的申請——

(i) 在對上一次經延長期間屆滿之時或之前；或

(ii) 如該項申請遭拒絕時對上一次經延長期間已屆滿——該項申請的聆訊完結時。

(6) 儘管有第 (4) 及 (5) 款的規定，在第 (4) 或 (5) 款（視何者適用而定）所指的期間屆滿之前，如作出有關告發的警務人員不再有合理理由相信有第 (2) 款指明的情況，則除非被捕人被落案起訴，否則須在《第 232 章》第 52(3) 條適用的情況下，立即釋放該人。

# 第 2 次分部 —— 因應危害國家安全情況可向法院申請就諮詢法律代表施加適當限制

## 79. 因應危害國家安全情況可限制諮詢相關個別法律代表

(1) 如某人因被合理地懷疑干犯危害國家安全的罪行而被拘捕及被警方羈留，而該人在被警方羈留期間，要求諮詢某名或某些個別法律代表或正諮詢某名或某些個別法律代表，則本條適用。

(2) 總警司級或以上的警務人員或獲其授權的警務人員，可向裁判官提出以經宣誓而作的告發支持的單方面申請，要求裁判官就該人根據本條發出手令。

(3) 就申請進行聆訊的裁判官如信納，有合理理由相信有第 (4) 款指明的情況，即可發出手令，授權警務人員向該人施加以下限制 ——

    (a) 該人不得在被警方羈留期間 ——

        (i) 諮詢該名或該等個別法律代表；或

        (ii) 如該名或該等個別法律代表在某間或某些香港律師行從事法律執業 —— 諮詢在該間或該等律師行從事法律執業的任何法律代表；但

    (b) 該人可諮詢該人所選擇的其他法律代表。

(4) 有關情況是 ——

    (a) 該人在被警方羈留期間諮詢任何第 (3)(a) 款提述的法律代表（**相關法律代表**），將危害國家安全或導致任何人身體受傷；

    (b) 該人已從該罪行中取得利益，而除非上述授權作出，否則該人在被警方羈留期間諮詢相關法律代表，將妨礙追討上述利益；或

    (c) 除非上述授權作出，否則該人在被警方羈留期間諮詢相關法律代表，將破壞或妨礙司法公正。

(5) 如第 (2) 款所指的告發是在該人諮詢某名或某些個別法律代表的期間作出的，則在裁判官就該告發作出任何決定之前 ——

  (a) 如以該告發支持的申請要求就該人諮詢該名或該等個別法律代表施加限制 —— 該人須暫停諮詢該名或該等個別法律代表，但可諮詢該人所選擇的其他法律代表；或

  (b) 如該名或該等個別法律代表在某間或某些香港律師行從事法律執業，而該項申請要求就該人諮詢在該間或該等律師行（**相關律師行**）從事法律執業的任何法律代表施加限制 —— 該人須暫停諮詢該名或該等個別法律代表，且不得諮詢相關律師行的任何其他法律代表，但可諮詢該人所選擇的其他法律代表。

(6) 在上述手令發出後並在該人被警方羈留的期間，如作出有關告發的警務人員不再有合理理由相信有第 (4) 款指明的情況，則警務人員須立即停止向該人施加第 (3) 款所指的限制。

(7) 在本條中 ——

**法律代表**（legal representative）指律師或大律師；

**香港律師行**（Hong Kong firm）具有《法律執業者條例》（第 159 章）第 2(1) 條所給予的涵義。

## 80. 因應危害國家安全情況可限制諮詢法律代表

(1) 如某人因被合理地懷疑干犯危害國家安全的罪行而受調查，則本條適用，不論該人是否已被拘捕。

(2) 總警司級或以上的警務人員或獲其授權的警務人員，可向裁判官提出以經宣誓而作的告發支持的單方面申請，要求裁判官就該人根據本條發出手令。

(3) 就申請進行聆訊的裁判官如信納 ——

    (a) 如該人尚未被拘捕 ——

        (i) 有合理理由懷疑該人已干犯該罪行；

        (ii) 有合理理由相信該人即將被拘捕；及

        (iii) 有合理理由相信有第 (4) 款指明的情況；或

    (b) 如該人已被拘捕 —— 有合理理由相信有第 (4) 款指明的情況，

即可發出手令，授權警務人員在該人被拘捕後的 48 小時期間內被警方羈留的期間（*指明期間*），限制該人諮詢法律代表。

(4) 有關情況是 ——

    (a) 該人在指明期間諮詢法律代表，將危害國家安全或導致任何人身體受傷；

    (b) 該人已從該罪行中取得利益，而除非上述授權作出，否則該人在指明期間諮詢法律代表，將

妨礙追討上述利益；或

(c) 除非上述授權作出，否則該人在指明期間諮詢
法律代表，將破壞或妨礙司法公正。

(5) 如上述手令是在該人被拘捕之前發出的，有關裁判
官可指示該手令只在所指明的日期之前有效。

(6) 在上述手令發出後，如在指明期間屆滿前，作出有
關告發的警務人員不再有合理理由相信有第 (4) 款指
明的情況，則警務人員須立即停止限制該人諮詢法
律代表。

(7) 在本條中 ——

**法律代表**（legal representative）指律師或大律師。


# 第 3 次分部 —— 為防範或調查危害國家安全罪行可 向法院申請就獲保釋人施加適當限制

## 81. 釋義

在本次分部中 ——

**行動限制令**（movement restriction order）—— 見第
83(1) 條；

**指明**（specified）指在行動限制令中指明；

**擔保**（recognizance）指按照《警隊條例》（第 232 章）第

52(3) 條作出的擔保;

***獲保釋人***（person on bail）—— 見第 82 條。

## 82. 本次分部適用於因危害國家安全的罪行而被拘捕並獲准保釋的人

如 ——

(a) 某人因被合理地懷疑干犯危害國家安全的罪行而被拘捕;及

(b) 該人即將或已經獲警方釋放（不論是否在須作出擔保的情況下釋放）,

則本次分部就該人（***獲保釋人***）而適用。

## 83. 向法院申請就保釋期間的行動限制令

(1) 總警司級或以上的警務人員或獲其授權的警務人員,可向裁判官提出以經宣誓而作的告發支持的單方面申請,要求裁判官發出命令（***行動限制令***）,指示獲保釋人須遵從指明規定,以及就該等規定所施加的指明條件。

(2) 裁判官可指明的規定,是一項或多於一項的以下規定 ——

(a) 關於獲保釋人居住地方的以下規定 ——

(i) 獲保釋人須在指明期間內，於指明地方居住；

(ii) 獲保釋人須在指明限期前，向警方申報同住於指明地方的人的身分資料；

(iii) 獲保釋人須在指明時間留在指明地方；

(b) 獲保釋人不得在指明期間內，進入指明地區或地方，或僅可在符合指明條件的情況下進入該地區或地方；

(c) 獲保釋人不得在指明期間內，以任何方式（或透過任何人）與指明人士聯繫，或僅可在符合指明條件的情況下與指明人士聯繫；

(d) 獲保釋人須在指明時間，於指明警署向警方報到。

(3) 支持上述申請的告發 ——

(a) 須由總督察級或以上的警務人員作出；及

(b) 須述明 ——

(i) 該罪行的性質；

(ii) 拘捕獲保釋人所憑藉的證據的概括性質；

(iii) 警方已就該罪行作出何種查究，以及警方建議作出何種進一步查究；及

(iv) 基於何種原因，而有必要向獲保釋人施加第 (2) 款所指的任何規定。

## 84. 法院可發出行動限制令

(1) 如就申請進行聆訊的裁判官信納,有合理理由相信有第 (2) 款指明的情況,則該裁判官可就獲保釋人發出行動限制令。

(2) 有關情況是 ——

    (a) 除非獲保釋人受制於該項申請中要求向獲保釋人施加的規定(*有關規定*),否則獲保釋人將不會按照警方指明的條件,向警方報到;

    (b) 除非獲保釋人受制於有關規定,否則將破壞或妨礙司法公正;或

    (c) 除非獲保釋人受制於有關規定,否則將危害國家安全。

(3) 行動限制令 ——

    (a) 須採用書面形式;及

    (b) 須述明向獲保釋人施加的規定,以及就上述規定所施加的條件。

(4) 行動限制令的有效期為 3 個月,而該期間不得早於根據第 (5) 款送達行動限制令的日期開始。

(5) 行動限制令須面交送達獲保釋人。

(6) 裁判官如信納有合理理由相信有以下情況,則可應第 83(1) 條所述的警務人員(*有關人員*)的申請,延長(或進一步延長)就獲保釋人發出的行動限制令

的有效期，每段延長期為 1 個月 ——

(a) 第 (2) 款指明的某項情況仍然存在；及

(b) 警方正努力並迅速地進行該罪行的調查，而調查按理不能在該項申請日期前完成。

(7) 裁判官可應有關人員或獲保釋人的申請，更改或解除就獲保釋人發出的行動限制令。

(8) 裁判官除非信納在有關個案的整體情況下，批准根據第 (7) 款提出的申請屬合理和必需，而且不會不利於國家安全，否則不得批准該項申請。

## 85. 行動限制令的覆核

(1) 如裁判官拒絕批准獲保釋人根據第 84(7) 條提出的申請，獲保釋人可向原訟法庭法官提出要求批准該項申請的申請（**覆核申請**）。

(2) 原訟法庭法官除非信納在有關個案的整體情況下，批准覆核申請屬合理和必需，而且不會不利於國家安全，否則不得批准覆核申請。

(3) 在第 (2) 款的規限下，原訟法庭法官可藉命令確認、更改或撤銷裁判官的決定，並可就有關事宜作出原訟法庭法官認為公正的其他命令。

## 86. 違反行動限制令

獲保釋人無合理辯解而違反 ——

(a)　就其發出的行動限制令的任何規定；或

(b)　就上述規定所施加的任何條件，

即屬犯罪，一經循公訴程序定罪，可處監禁 1 年。


# 第 4 次分部 —— 雜項條文及與調查相關的罪行


## 87. 本分部申請一般於非公開法庭進行聆訊

(1)　本分部所指的申請須於非公開法庭進行聆訊。

(2)　儘管有第 (1) 款的規定，就申請進行聆訊的原訟法庭法官或裁判官（視何者適用而定）可主動或應聆訊任何一方的申請，命令申請須於公開法庭進行聆訊。

(3)　然而，有關的原訟法庭法官或裁判官僅在信納根據第 (2) 款作出命令，是就司法公正而言屬必需，而且不會不利於國家安全的情況下，方可如此作出該項命令。


## 88. 不得妨害調查危害國家安全的罪行

如任何人知悉或懷疑有對危害國家安全的罪行的調查正在進行 ——

(a) 該人——

(i) 意圖妨害該項調查；或

(ii) 罔顧是否會妨害該項調查，

而在沒有合理辯解或合法權限下，作出任何披露；
或

(b) 該人——

(i) 在知悉或懷疑任何材料相當可能是與該項
調查有關的情況下；及

(ii) 意圖對進行該項調查的人隱瞞該材料所披
露的事實，

而在沒有合理辯解下，捏改、隱藏、銷毀或以
其他方式處置該材料，或致使安排或准許捏
改、隱藏、銷毀或以其他方式處置該材料，

該人即屬犯罪，一經循公訴程序定罪，可處監禁 7 年。

# 第 2 分部 —— 危害國家安全罪行的潛逃者

## 第 1 次分部 —— 指明有關潛逃者

## 89. 保安局局長有權為針對某潛逃者施行某些措施而指明

### 該潛逃者

(1) 如保安局局長合理地相信，為施行第 (4) 款指明某名本款適用的人，是維護國家安全所需者，則保安局局長可藉在憲報刊登的公告，為施行該款指明該人。

(2) 如 ——

    (a) 法院已就危害國家安全的罪行，發出手令將某人拘捕；

    (b) 已採取合理步驟將發出該手令一事通知該人，或保安局局長合理地相信該人已知悉該手令已發出；

    (c) 該人仍未被帶到法官或裁判官（視屬何情況而定）席前；及

    (d) 保安局局長合理地相信該人並非身處特區，

    則第 (1) 款適用於該人。

(3) 在以下情況下，保安局局長須撤銷根據第 (1) 款就某人作出的指明 ——

    (a) 第 (2)(a) 款所述的、關乎該人的手令已被撤銷；或

    (b) 該人已被帶到法官或裁判官（視屬何情況而定）席前。

(4) 保安局局長如根據第 (1) 款指明某人，則可在該項指明屬有效的期間，藉在憲報刊登的公告，進一步指

明，本分部第 2 次分部當中保安局局長合理地認為在有關個案的整體情況下屬合適的任何一條或多於一條條文，就該人而適用。

(5) 保安局局長可藉在憲報刊登的公告，更改或撤銷根據第 (4) 款作出的指明。

## 第 2 次分部 —— 可針對有關潛逃者施行的措施

### 90. 禁止提供資金等或處理資金等

(1) 如有根據第 89(4) 條（包括憑藉第 89(5) 條）指明本條就某人而適用，則在該項指明屬有效的期間，該人即就本條而言屬有關潛逃者。

(2) 除獲根據第 97 條批予的特許授權外，任何人不得——

(a) 直接或間接向有關潛逃者提供任何資金或其他財務資產或經濟資源，亦不得為有關潛逃者的利益而直接或間接提供任何資金或其他財務資產或經濟資源；或

(b) 直接或間接處理屬於有關潛逃者的任何資金或其他財務資產或經濟資源，亦不得直接或間接處理由有關潛逃者擁有或控制的任何資金或其他財務資產或經濟資源。

(3) 任何人違反第 (2) 款，即屬犯罪，一經循公訴程序定罪，可處監禁 7 年。

(4) 被控犯第 (3) 款所訂罪行的人，如確立自己既不知道亦無理由相信 ——

(a) 如屬違反第 (2)(a) 款 —— 有關的資金或其他財務資產或經濟資源，是向（或將會向）有關潛逃者提供的，或是為（或將會為）有關潛逃者的利益而提供的；或

(b) 如屬違反第 (2)(b) 款 —— 自己在處理屬於有關潛逃者的資金或其他財務資產或經濟資源，或由有關潛逃者擁有或控制的資金或其他財務資產或經濟資源，

即為免責辯護。

(5) 在以下情況下，某人須視作已確立需要就第 (4) 款所訂的免責辯護而確立的事宜 ——

(a) 有足夠證據，就該事宜帶出爭論點；及

(b) 控方沒有提出足以排除合理疑點的相反證明。

(6) 任何人不得僅因將任何以下一項，記入屬於有關潛逃者的帳戶，或由有關潛逃者直接或間接擁有或控制的帳戶，而被視為違反第 (2) 款 ——

(a) 該帳戶應得的利息或其他收入；

(b) 該有關潛逃者根據在其成為有關潛逃者當日之

前產生的合約、協定或義務，而應得的付款。

(7)　在本條中 ——

**處理**（deal with）——

(a)　就資金而言，指 ——

(i)　使用、改動、移動、容許動用或移轉；

(ii)　以將會導致任何以下方面有所改變的任何其他方式，予以處理：規模、數額、地點、擁有權、管有權、性質或目的地；或

(iii)　作出任何令到資金可予使用的任何其他改變，包括資金組合管理；及

(b)　就其他財務資產或經濟資源而言，指使用該等資產或資源，以任何方式，取得資金、貨物或服務，包括將該等資產或資源出售、出租或作抵押；

**經濟資源**（economic resources）指並非資金的各種資產，不論是有形的或無形的、是動產或不動產，並可用以取得資金、貨物或服務；

**資金**（funds）包括 ——

(a)　金幣、金錠、現金、支票、金錢的申索、銀票、匯票及其他作付款用的票據；

(b)　存於財務機構或其他實體的存款、帳戶結餘、債項及債務責任；

(c) 證券及債務票據（包括股額及股份、代表證券的證明書、債券、票據、認購權證、債權證、債權股證及衍生工具合約）；

(d) 財產所孳生的利息、股息或其他收入、自財產累算的價值或財產所產生的價值；

(e) 信貸、抵銷權、保證或擔保、履約保證或其他財務承擔；

(f) 信用狀、提單及賣據；

(g) 資金或財務資源的權益的證明文件；及

(h) 任何其他出口融資的票據。

## 91. 禁止與不動產相關的某些活動

(1) 如有根據第 89(4) 條（包括憑藉第 89(5) 條）指明本條就某人而適用，則在該項指明屬有效的期間，該人即就本條而言屬有關潛逃者。

(2) 除獲根據第 97 條批予的特許授權外，任何人不得──

(a) 直接或間接將不動產租賃予或以其他方式提供予有關潛逃者；或

(b) 直接或間接向有關潛逃者租入不動產。

(3) 任何人違反第 (2) 款，即屬犯罪，一經循公訴程序定罪，可處監禁 7 年。

(4) 被控犯第 (3) 款所訂罪行的人，如確立自己既不知道亦無理由相信 ——

(a) 如屬違反第 (2)(a) 款 —— 有關的不動產，是租賃予或以其他方式提供予有關潛逃者的；或

(b) 如屬違反第 (2)(b) 款 —— 有關的不動產，是向有關潛逃者租入的，

即為免責辯護。

(5) 在以下情況下，某人須視作已確立需要就第 (4) 款所訂的免責辯護而確立的事宜 ——

(a) 有足夠證據，就該事宜帶出爭論點；及

(b) 控方沒有提出足以排除合理疑點的相反證明。

(6) 如任何人是根據在有關潛逃者成為有關潛逃者當日之前產生的合約、協定或義務，而作出第 (2) 款所述的作為的，則該人不得僅因該項作為，而被視為違反該款。


## 92. 與涉及有關潛逃者的合資企業或合夥相關的禁止

(1) 如有根據第 89(4) 條（包括憑藉第 89(5) 條）指明本條就某人而適用，則在該項指明屬有效的期間，該人即就本條而言屬有關潛逃者。

(2) 除獲根據第 97 條批予的特許授權外，任何人不得 ——

(a) 與有關潛逃者成立合資企業、合夥或類似的關係；或

(b) 投資於該等合資企業、合夥或類似的關係。

(3) 任何人違反第 (2) 款，即屬犯罪，一經循公訴程序定罪，可處監禁 7 年。

(4) 被控犯第 (3) 款所訂罪行的人，如確立自己既不知道亦無理由相信有關的合資企業、合夥或類似的關係，是涉及有關潛逃者的合資企業、合夥或類似的關係，即為免責辯護。

(5) 在以下情況下，某人須視作已確立需要就第 (4) 款所訂的免責辯護而確立的事宜 ——

(a) 有足夠證據，就該事宜帶出爭論點；及

(b) 控方沒有提出足以排除合理疑點的相反證明。

(6) 如任何人是根據在有關潛逃者成為有關潛逃者當日之前產生的合約、協定或義務，而作出第 (2) 款所述的作為的，則該人不得僅因該項作為，而被視為違反該款。

## 93. 執業資格暫時吊銷

(1) 如有根據第 89(4) 條（包括憑藉第 89(5) 條）指明本條就某人而適用，則在該項指明屬有效的期間，該人即就本條而言屬有關潛逃者。

(2) 如有關潛逃者在該項指明屬有效的期間內，有任何時間（**關鍵時間**）根據任何條例持有某專業的執業資格，則該執業資格即就所有目的而言視為在關鍵時間暫時吊銷（而不論該條例本身有否就該執業資格的暫時吊銷（不論如何描述）訂定條文）。

(3) 如根據任何條例，某人須就該執業資格備存任何名冊（不論如何描述），則該人須不時因應第 (2) 款的施行而更新該名冊。

(4) 此外，如根據任何條例，假使該執業資格根據該條例暫時吊銷（不論如何描述）的話某條文便會因而適用，則凡該執業資格根據第 (2) 款視為暫時吊銷，該條文即在經必要的變通後亦因而適用，猶如該執業資格是根據該條例而暫時吊銷（不論如何描述）。

(5) 在第 (4) 款中，提述任何條文，不包括關乎對有關執業資格的暫時吊銷作出上訴或覆核的條文。

(6) 任何人根據任何條例可就有關潛逃者行使的任何權力，不受本條影響。

## 94. 在經營業務或受僱工作上的准許或註冊暫時無效

(1) 如有根據第 89(4) 條（包括憑藉第 89(5) 條）指明本條就某人而適用，則在該項指明屬有效的期間，該人即就本條而言屬有關潛逃者。

(2) 如在該項指明屬有效的期間內，有任何時間（**關鍵**

*時間*）有某項就有關潛逃者經營任何業務或受僱任
何工作而言屬必需的 ——

(a) 任何條例下的准許（不論如何描述，亦不論以
何種方式給予）；或

(b) 任何條例下的註冊（不論如何描述，亦不論以
何種方式進行），

就有關潛逃者而具有效力（但並非就有關潛逃者兼
任何其他人而具有效力），則該項准許或註冊即就
所有目的而言視為在關鍵時間暫時無效（而不論該
條例本身有否就該項准許或註冊的暫時無效（不論
如何描述）訂定條文）。

(3) 如根據任何條例，某人須就該項准許或註冊備存任
何名冊（不論如何描述），則該人須不時因應第 (2)
款的施行而更新該名冊。

(4) 此外，如根據任何條例，假使該項准許或註冊根據
該條例暫時無效（不論如何描述）的話某條文便會
因而適用，則凡該項准許或註冊根據第 (2) 款視為暫
時無效，該條文即在經必要的變通後亦因而適用，
猶如該項准許或註冊是根據該條例而暫時無效（不
論如何描述）。

(5) 在第 (4) 款中，提述任何條文，不包括關乎對有關准
許或註冊的暫時無效作出上訴或覆核的條文。

(6) 任何人根據任何條例可就有關潛逃者行使的任何權

力，或就有關潛逃者經營的業務或受僱的工作行使的任何權力，不受本條影響。

## 95. 暫時罷免董事職位

(1) 如有根據第 89(4) 條（包括憑藉第 89(5) 條）指明本條就某人而適用，則在該項指明屬有效的期間，該人即就本條而言屬有關潛逃者。

(2) 有關潛逃者如在該項指明屬有效的期間內，有任何時間（**關鍵時間**）擔任任何公司的董事職位，即就所有目的而言視為在關鍵時間遭暫時罷免該董事職位，並據此而暫時不得直接或間接參與或關涉該公司的管理。

(3) 如根據任何條例，某人須就該董事職位備存任何名冊（不論如何描述），則該人須不時因應第 (2) 款的施行而更新該名冊。

(4) 任何人 ——

(a) 根據特區的法律而可就有關潛逃者行使的任何權力；或

(b) 根據有關公司的組成或運作所據的章程、規則或其他規管文件而可就有關潛逃者行使的任何權力，

不受本條影響。

(5) 在本條中——

**公司**（company）具有《公司條例》（第 622 章）第 2(1)
條所給予的涵義；

**董事**（director）具有《公司條例》（第 622 章）第 2(1) 條
所給予的涵義。


## 96. 撤銷特區護照等

(1) 如有根據第 89(4) 條（包括憑藉第 89(5) 條）指明本
條就某人而適用，則在該項指明屬有效的期間，該
人即就本條而言屬有關潛逃者。

(2) 如——

(a) 有關潛逃者持有特區護照；及

(b) 在緊接該項指明作出前，該護照屬有效，

則該護照即就所有目的而言視為在該項指明作出時
被撤銷，據此，入境事務處處長可接管該護照。

(3) 如任何要求發出特區護照的申請，是由有關潛逃者
所作出的，則該項申請即就《香港特別行政區護照
條例》（第 539 章）第 3(1) 條及所有其他目的而言視
為無效。

(4) 在本條中——

**特區護照**（HKSAR passport）指入境事務處處長根據《香
港特別行政區護照條例》（第 539 章）第 3 條發出

的護照。

# 第 3 次分部 —— 特許

## 97. 特許的批予

(1) 保安局局長可應申請批予特許，准許作出第 90、91 或 92 條所禁止的作為。

(2) 保安局局長除非信納在有關個案的整體情況下，根據第 (1) 款批予特許屬合理和必需，而且不會不利於國家安全，否則不得批予該特許。

## 98. 為取得特許，提供虛假或具誤導性的資料或文件

(1) 任何人為了取得特許，而作出任何該人知道在要項上屬虛假或具誤導性的陳述，或提供或交出任何該人知道在要項上屬虛假或具誤導性的資料或文件，即屬犯罪，一經循公訴程序定罪，可處監禁 3 年。

(2) 任何人為了取得特許，而罔顧實情地作出任何在要項上屬虛假或具誤導性的陳述，或提供或交出任何在要項上屬虛假或具誤導性的資料或文件，即屬犯罪，一經循公訴程序定罪，可處監禁 3 年。

# 第3分部 —— 訴訟程序：一般條文

## 99. 《香港國安法》所訂程序適用於本條例所訂罪行

為免生疑問，任何與本條例所訂罪行相關的案件，均屬《香港國安法》第四十一條所述的案件，《香港國安法》第四章所訂程序，適用於該等案件。

## 100. 任何涉及國家安全的案件均須由指定法官審理

(1) 任何法院所審理的案件，如憑藉第 3(2)(b) 條而屬涉及國家安全的案件，即須由指定法官審理。

(2) 在其他成文法則與第 (1) 款並無抵觸的範圍內，該款並不局限其他成文法則對任何案件的適用。

# 第4分部 —— 與危害國家安全的罪行相關的案件的刑事訴訟程序

## 101. 適用範圍

如任何案件屬與危害國家安全的罪行相關的案件，則本分部適用於該案件（而不論該案件是否亦與任何其他罪行相關）。

## 102. 釋義

在本分部中——

《**第 227 章**》(Cap. 227) 指《裁判官條例》(第 227 章);

**提訊日**(return day) 具有《第 227 章》第 71A 條所給予的涵義。

## 103. 交付審判程序中的還押期間

在應用《第 227 章》第 79(1) 條時,該條中還押期間須不超過 8 整天此一規定(以及該項規定的例外情況),須不予理會。

## 104. 提訊日的指定

(1) 第 (2) 款取代《第 227 章》第 80A(3) 條而適用。

(2) 除非檢控官及被控人均同意,或在有合理因由提出的情況下裁判官另有裁定,否則提訊日不得在提訊日被指定之日起計的 10 天內或 28 天後。

## 105. 文件的譯本

(1) 第 (2) 款取代《第 227 章》第 80B(2)(c) 及 (3) 條而適用。

(2) 除非裁判官應被控人的申請,為《第 227 章》第

80B(1) 條的目的，命令任何根據該條送達的證人陳述書或呈堂文件，須附有以下譯本 ——

(a) 如該陳述書或呈堂文件並非用英文寫成 —— 英文譯本；

(b) 如該陳述書或呈堂文件並非用中文寫成 —— 中文譯本，

否則該陳述書或呈堂文件無需附有該譯本。

(3) 裁判官在決定是否根據第 (2) 款作出任何命令時，須考慮公正地和及時地辦理有關案件的需要。


## 106. 省免初級偵訊

(1) 第 (2) 款取代《第 227 章》第 80C、81、81A、82、83、84 及 85 條而適用。

(2) 被控人在提訊日出庭或被帶到裁判官席前時 ——

(a) 如《第 227 章》第 80B(1) 條的規定已獲遵行，則檢控官須將該條所指的文件正本提交法庭；及

(b) 裁判官在律政司司長或其代表提出申請後，須採取《第 227 章》第 80C(4) 條所指的行動，而如被控人當時否認控罪，則裁判官須命令將被控人交付原訟法庭審訊，並須將此事通知被控人或安排令被控人獲悉此事。

(3) 據此 ——

(a) 在應用《第 227 章》第 80A 條時 ——

(i) 該條的第 (4)(c) 及 (d) 款，須不予理會；及

(ii) 該條的第 (4)(e) 款，須理解為規定裁判官須在首次指定提訊日時，通知被控人本條的第 (4) 款所述的事宜；

(b) 在應用《第 227 章》第 81B 條時 ——

(i) 該條的第 (1) 款中對《第 227 章》第 80C(4)(a) 或 82(1) 條的提述，須理解為對本條的第 (2)(b) 款的提述；

(ii) 該條的第 (1) 款，須理解為規定裁判官須在該款所描述的情況下，通知被控人本條的第 (4) 款所述的事宜；及

(iii) 該條的第 (2)(a) 款中對 "如被控人在根據第 80C 條進行的法律程序中承認控罪，" 的提述，須不予理會；

(c) 在應用《第 227 章》第 85A 條時，該條的第 (1) 款中對《第 227 章》第 80C(4) 或 85(2) 條的提述，須理解為對本條的第 (2)(b) 款的提述；

(d) 在應用《第 227 章》第 86 條時 ——

(i) 該條的第 (1)(b) 款中對《第 227 章》第 80C(4) 條的提述，須理解為對本條的第 (2)

(b) 款的提述；及

(ii) 該條的第 (1)(b) 款中對《第 227 章》第 80C(1) 條的提述，須理解為對本條的第 (2)(a) 款的提述；

(e) 在應用《刑事罪行條例》（第 200 章）第 33 條時，該條的 (a) 段中對《第 227 章》第 80C(1) 條的提述，須理解為對本條的第 (2)(a) 款的提述；

(f) 在應用《刑事訴訟程序條例》（第 221 章）（《**第 221 章**》）第 14 條時，該條的第 (1)(a) 款中對《第 227 章》第 80C(4) 條的提述，須理解為對本條的第 (2)(b) 款的提述；

(g) 在應用《第 221 章》第 16 條時 ——

(i) 該條的第 (1) 款中對《第 227 章》第 80C(4) 條的提述，須理解為對本條的第 (2)(b) 款的提述；及

(ii) 該條的第 (1) 款中對《第 227 章》第 80C(1) 條的提述，須理解為對本條的第 (2)(a) 款的提述；及

(h) 如有根據《區域法院條例》（第 336 章）第 77A 條要求將法律程序移交原訟法庭的申請作出，則在應用該條時 ——

(i) 該條的第 (4) 款中法官須在符合該條的第

(5) 款的情況下方可作出准許申請的命令此一規定；

(ii) 該條的第 (5) 及 (6) 款；及

(iii) 該條的第 (7) 款中被控人根據該條的第 (5) 款選擇作初級偵訊此一條件，

須不予理會。

(4) 就第 (3)(a)(ii) 及 (b)(ii) 款而言，有關事宜，是如被控人否認控罪，法庭會將被控人交付原訟法庭審訊，而如被控人承認控罪，法庭則會就該項控罪將被控人交付原訟法庭判處。

## 107. 被控人被交付審訊後不得申請未經聆訊釋放

(1) 如有證書根據《香港國安法》第四十六條就任何案件發出，則就該案件而言，《刑事訴訟程序條例》（第 221 章）第 16 條並無任何效力。

(2) 據此，在應用《第 227 章》第 85A 條時，該條的第 (1)(e) 款，須不予理會。

(3) 在本分部其他條文與本條並無抵觸的範圍內，本條並不局限本分部其他條文對上述案件的適用。

## 108. 解除對報導交付審判程序限制

(1) 本條取代《第 227 章》第 87A(2) 條而適用。

(2) 儘管有《第 227 章》第 87A(1) 條的規定，裁判官可應控方或被控人的申請，命令該條並不適用於有關交付審判程序的相關報導。

(3) 然而，裁判官僅在信納根據第 (2) 款作出命令，是就司法公正而言屬必需，而且不會不利於國家安全的情況下，方可如此作出該項命令。

(4) 根據第 (2) 款作出的命令，須載入裁判官的案件登記冊內。

(5) 如有關案件中有多於一名被控人，則第 (2) 款中提述被控人，即提述其中一名被控人。

(6) 就《第 227 章》第 86(1)(f) 及 87A(4) 及 (7) 條而言，根據第 (2) 款作出的命令，須視為根據《第 227 章》第 87A(2) 條作出的命令。


# 第 5 分部 —— 初步罪行的罰則


## 109. 串謀犯、煽惑他人犯或企圖犯《香港國安法》所訂罪行的罰則

為免生疑問，儘管有其他條例的規定 ——

(a) 如任何人被裁定串謀犯任何《香港國安法》所訂罪行 (**國安法罪行**)，則《香港國安法》下

關於該項國安法罪行的罰則的條文，亦適用於該項串謀犯罪的罰則；

(b) 如任何人被裁定煽惑他人犯任何國安法罪行，則《香港國安法》下關於該項國安法罪行的罰則的條文，亦適用於該項煽惑他人犯罪的罰則（但如《香港國安法》本身有就煽動他人犯該項國安法罪行訂明罰則，則屬例外）；及

(c) 如任何人被裁定企圖犯任何國安法罪行，則《香港國安法》下關於該項國安法罪行的罰則的條文，亦適用於該項企圖犯罪的罰則。

# 第 8 部

# 維護國家安全機制及相關保障

## 110. 行政長官會同行政會議可訂立維護國家安全附屬法例

(1) 行政長官會同行政會議可為維護國家安全所需，並為更有效地實施以下法律及解釋，訂立附屬法例——

    (a) 《香港國安法》，包括當中第五章關乎中央人民政府駐香港特別行政區維護國家安全公署的職責的條文；

    (b) 於 2022 年 12 月 30 日第十三屆全國人民代表大會常務委員會第三十八次會議上通過的《全國人民代表大會常務委員會關於〈中華人民共和國香港特別行政區維護國家安全法〉第十四條和第四十七條的解釋》；

    (c) 本條例。

(2) 根據本條訂立的附屬法例，可規定違反該附屬法例屬可公訴罪行，並可為該罪行，訂明罰款不超過 $500,000 及監禁不超過 7 年的刑罰。

## 111. 與維護國家安全相關的行政指令

(1) 行政長官可向特區政府的任何部門或機關或任何公務人員發布行政指令，就任何以下事宜作出指示 ——

    (a) 落實中央人民政府就維護國家安全發出的指令；

    (b) 維護國家安全的工作；

    (c) 為中央人民政府駐香港特別行政區維護國家安全公署依法履行在《香港國安法》第五章下的職責提供必需的權利、豁免、便利和配合；

    (d) 行政長官認為有利於維護國家安全的其他事宜。

(2) 特區政府的任何部門或機關或任何公務人員須遵守第 (1) 款所述的行政指令。


## 112. 國安委的判斷和決定

(1) 香港特別行政區維護國家安全委員會（**國安委**）由主席召開會議，國家安全事務顧問列席國安委會議。國家安全事務顧問就國安委履行職責相關事務提供意見。

(2) 國安委根據《香港國安法》的規定履行職責時所作的判斷和決定，由國安委秘書處傳達並協助跟進落實。

(3) 凡特區的法律授予某人任何職能，任何人在作出執行該職能上的任何決定時，須尊重並依法執行國安委的判斷和決定。

## 113. 就國家安全教育等事宜提供意見或發出指示

政務司司長可為開展國家安全教育、提高特區居民的國家安全意識和守法意識，或為加強就維護國家安全和防範恐怖活動的工作的宣傳、指導、監督和管理，向其認為適當的人，提供意見或發出指示。

## 114. 公務人員須協助維護國家安全工作

(1) 任何公務人員須為維護國家安全的工作，提供一切所需的協助。

(2) 據此，任何公務人員須向在特區的負責維護國家安全工作的任何部門、機關及其人員，及時提供一切合理的便利、配合、支持和保障，包括及時提供所需的人力及其他資源。

(3) 任何公務人員須運用其享有的一切權力及酌情權（包括關乎給予任何豁免的權力及酌情權），以履行本條下的責任。

## 115. 行政長官就國家安全或國家秘密認定問題發出證明書

(1) 除《香港國安法》第四十七條所述的情況外，行政長官亦可在其認為適當的情況下，就某行為或事宜是否涉及國家安全或某材料是否涉及國家秘密的認定問題，發出證明書。

(2) 第 (1) 款所指的證明書 ——

    (a) 可在不論是否已有法律程序展開的情況下發出；及

    (b) 可由行政長官主動發出。

(3) 法院如在任何法律程序中，收到行政長官根據本條就某認定問題發出的證明書，即視為已根據《香港國安法》第四十七條，取得行政長官就該認定問題發出的證明書。

## 116. 涉及國家安全的案件的審理等

(1) 法院依照《基本法》及《香港國安法》的有關規定，獨立審理涉及國家安全的案件，不受任何干涉。任何人須尊重和維護法院依法審理涉及國家安全的案件。

(2) 律政司依照《基本法》及《香港國安法》的有關規定，主管與危害國家安全的罪行相關的案件的刑事檢控工作，不受任何干涉。

(3) 特區政府須採取必要措施，確保指明人士及協助者的人身、財產和住所安全受到必要的保障。

(4)　在本條中 ——

***協助者***（aider）指涉及國家安全的案件的舉報人或證人；

***指明人士***（specified person）指 ——

    (a)　在特區處理涉及國家安全的案件或負責維護國家安全工作的任何部門或機關的人員；或

    (b)　處理涉及國家安全的案件的司法人員、司法機構的職員、大律師或律師。

## 117. 簽署或核證關乎指明案件之法律文件等

(1)　凡任何文件關乎指明案件，而某條例或法院指示 ——

    (a)　規定該文件由任何以下人士簽署或核證 ——

        (i)　該案件某方；

        (ii)　代表該案件某方的指明人士；

    (b)　規定該文件述明任何以下人士的姓名或名稱 ——

        (i)　該案件某方；

        (ii)　代表該案件某方的指明人士；

    (c)　准許該文件由任何以下人士簽署或核證 ——

        (i)　該案件某方；

        (ii)　代表該案件某方的指明人士；或

(d) 准許該文件述明任何以下人士的姓名或名稱——

  (i) 該案件某方；

  (ii) 代表該案件某方的指明人士，

則本條適用於該文件（**有關文件**）。

(2) 然而，本條不適用於以下文件——

(a) 誓章或其他經宣誓作出的文件；

(b) 法定聲明；

(c) 屬某人以證人身分作出的用以陳述事實的文件；或

(d) 根據某條例或法院指示作出的用以核實某文件的屬實申述。

(3) 有關文件——

(a) 凡屬第 (1)(a)(i) 或 (c)(i) 款 ——可由代表有關方的指明人士簽署或核證，而無需由該方簽署或核證；及

(b) 凡屬第 (1)(b)(i) 或 (d)(i) 款 ——可述明代表有關方的指明人士的姓名，而無需述明該方的姓名或名稱。

(4) 有關文件——

(a) 凡屬第 (1)(a) 款—— 如載有第 (5) 款指明的簽

署，則第 (1)(a) 款所指的規定即屬符合；

(b) 凡屬第 (1)(b) 款 —— 如載有第 (6) 款指明的名稱，則第 (1)(b) 款所指的規定即屬符合；

(c) 凡屬第 (1)(c) 款 —— 可載有第 (5) 款指明的簽署；及

(d) 凡屬第 (1)(d) 款 —— 可載有第 (6) 款指明的名稱。

(5) 為施行第 (4)(a) 及 (c) 款而指明的簽署是 ——

(a) 如有關文件須或可（包括憑藉第 (3)(a) 款而可）由某指明人士簽署而該人士屬公務人員 —— 以該人士所代表的部門或機關的名義作出的簽署；

(b) 如有關文件須或可（包括憑藉第 (3)(a) 款而可）由某指明人士簽署而該人士屬大律師 —— 以向該人士發出指示的人所代表的部門或機關（或律師行）的名義作出的簽署；或

(c) 如有關文件須或可（包括憑藉第 (3)(a) 款而可）由某指明人士簽署而該人士屬律師 —— 以該人士所代表的律師行的名義作出的簽署。

(6) 為施行第 (4)(b) 及 (d) 款而指明的名稱是 ——

(a) 如有關文件須或可（包括憑藉第 (3)(b) 款而可）述明某指明人士的姓名而該人士屬公務人員 —— 該人士所代表的部門或機關的名稱；

(b) 如有關文件須或可（包括憑藉第 (3)(b) 款而可）述明某指明人士的姓名而該人士屬大律師——向該人士發出指示的人所代表的部門或機關（或律師行）的名稱；或

(c) 如有關文件須或可（包括憑藉第 (3)(b) 款而可）述明某指明人士的姓名而該人士屬律師——該人士所代表的律師行的名稱。

(7) 就第 (1) 款而言，凡——

(a) 某案件屬涉及國家安全的案件；或

(b) 有法律程序就危害國家安全的罪行而對某人提起，而該人屬某案件的一方，

該案件即屬指明案件。

(8) 就第 (7)(b) 款而言，如——

(a) 裁判官就某危害國家安全的罪行根據《裁判官條例》（第 227 章）第 72 條針對某人發出手令或傳票；

(b) 某人因某危害國家安全的罪行而被拘捕（不論該人是否獲保釋）；

(c) 某人在無手令的情況下受拘押後被控以某危害國家安全的罪行；或

(d) 控告某人某危害國家安全的罪行的公訴書，根據《刑事訴訟程序條例》（第 221 章）第 24A(1)

(b) 條，按法官的指示或經其同意而提出，

即屬有法律程序就該罪行而對該人提起。

(9) 在本條中 ——

**指明人士**（specified person）指公務人員、大律師或律師；

**述明**（state）就姓名或名稱而言，指註明、印有、列出或以其他方式提供該姓名或名稱。

## 118. 非法披露處理涉及國家安全的案件或工作的人的個人資料

(1) 任何人犯《個人資料（私隱）條例》（第 486 章）第 64（3A）條所訂罪行，而 ——

(a) 該條提述的資料當事人是 ——

(i) 某指明人士；

(ii) 某指明人士的家人；

(iii) 某協助者；或

(iv) 某協助者的家人；及

(b) 該人犯該罪行 ——

(i) 其意圖是妨礙或阻嚇該指明人士執行其指明人士的職能，或妨礙或阻嚇該協助者就涉及國家安全的案件提供協助；或

(ii) 是由於該指明人士在合法執行其指明人士

的職能的過程中作出（或試圖作出）的事情，或由於該協助者就涉及國家安全的案件提供協助的過程中作出（或試圖作出）的事情，

即屬犯罪，一經循公訴程序定罪，可處監禁 7 年。

(2) 任何人犯《個人資料（私隱）條例》（第 486 章）第 64（3C）條所訂罪行，而 ——

    (a) 該條提述的資料當事人是 ——

        (i) 某指明人士；

        (ii) 某指明人士的家人；

        (iii) 某協助者；或

        (iv) 某協助者的家人；及

    (b) 該人犯該罪行 ——

        (i) 其意圖是妨礙或阻嚇該指明人士執行其指明人士的職能，或妨礙或阻嚇該協助者就涉及國家安全的案件提供協助；或

        (ii) 是由於該指明人士在合法執行其指明人士的職能的過程中作出（或試圖作出）的事情，或由於該協助者就涉及國家安全的案件提供協助的過程中作出（或試圖作出）的事情，

即屬犯罪，一經循公訴程序定罪，可處監禁 10 年。

(3) 如 ——

    (a) 任何 ——

        (i) 特區居民；

        (ii) 在特區成立、組成或註冊的法人團體；或

        (iii) 不論是法團抑或不是法團的在特區有業務地點的團體，

    在特區以外地方作出任何作為；而

    (b) 該項作為假若是在特區作出即構成第 (1) 或 (2) 款所訂罪行，

則該居民或該團體即屬犯該罪行。

(4) 就第 (3) 款而言，在第 (1) 或 (2) 款中對犯《個人資料（私隱）條例》（第 486 章）所訂的某罪行的提述，須理解為包括作出符合以下說明的作為 ——

    (a) 該項作為在特區以外地方作出；及

    (b) 該項作為假若是在特區作出即構成該罪行。

(5) 在本條中 ——

**協助者**（aider）指涉及國家安全的案件的舉報人或證人；

**指明人士**（specified person）指 ——

    (a) 在特區處理涉及國家安全的案件或負責維護國家安全工作的任何部門或機關的人員；或

    (b) 處理涉及國家安全的案件的司法人員、司法機

構的職員、大律師或律師；

**家人**（family member）就某人而言，指藉血緣、婚姻、領養或姻親關係而與該人有親屬關係的人；

**特區居民**（HKSAR resident）指 ——

(a) 香港永久性居民；或

(b) 符合獲發《人事登記條例》（第 177 章）所指的身分證的資格，但沒有《入境條例》（第 115 章）所指的香港居留權的人。


## 119. 對處理涉及國家安全的案件或工作的人作出非法騷擾作為

(1) 如 ——

(a) 任何人（**甲方**）意圖令某指明人士（或其任何家人）或某協助者（或其任何家人）（**乙方**）感到驚恐或困擾或蒙受指明傷害而 ——

    (i) 以任何方式對乙方使用具威嚇性、辱罵性或冒犯性的言詞，或以任何其他方式向乙方傳達具威嚇性、辱罵性或冒犯性的訊息；或

    (ii) 以任何方式對乙方作出具威嚇性、辱罵性或冒犯性的作為；

(b) 一名合乎常理的人在顧及所有情況後，應會預

期如此對乙方使用上述言詞、傳達上述訊息或作出上述作為，會令乙方感到驚恐或困擾或蒙受指明傷害；

(c) 上述言詞、訊息或作為，事實上令乙方感到驚恐或困擾或蒙受指明傷害；及

(d) 甲方符合第 (i) 及 (ii) 節當中任何一節的描述 ——

　　(i) 其使用上述言詞、傳達上述訊息或作出上述作為的意圖，是妨礙或阻嚇該指明人士執行其指明人士的職能，或妨礙或阻嚇該協助者就涉及國家安全的案件提供協助；

　　(ii) 其使用上述言詞、傳達上述訊息或作出上述作為，是由於 ——

　　　　(A) 該指明人士在合法執行其指明人士的職能的過程中作出（或試圖作出）的事情；或

　　　　(B) 該協助者就涉及國家安全的案件提供協助的過程中作出（或試圖作出）的事情，

甲方即屬犯罪，一經循公訴程序定罪，可處監禁 10 年。

(2) 凡任何人被控犯第 (1) 款所訂罪行，而控罪指稱該人符合第 (1)(d)(ii) 款的描述，則該人如確立在有關情

況下，使用有關言詞、傳達有關訊息或作出有關作為是合理的，即為免責辯護。

(3) 在以下情況下，某人須視作已確立需要就第 (2) 款所訂的免責辯護而確立的事宜 ——

(a) 有足夠證據，就該事宜帶出爭論點；及

(b) 控方沒有提出足以排除合理疑點的相反證明。

(4) 在本條中 ——

**協助者**（aider）指涉及國家安全的案件的舉報人或證人；

**指明人士**（specified person）指 ——

(a) 在特區處理涉及國家安全的案件或負責維護國家安全工作的任何部門或機關的人員；或

(b) 處理涉及國家安全的案件的司法人員、司法機構的職員、大律師或律師；

**指明傷害**（specified harm）就某人而言，指 ——

(a) 對該人的心理傷害；

(b) 導致該人擔心其安全或福祉的傷害；或

(c) 導致該人擔心其財產受損的傷害；

**家人**（family member）就某人而言，指藉血緣、婚姻、領養或姻親關係而與該人有親屬關係的人。

## 120. 指明法院可應申請採取身分保密措施

(1) 如任何指明法院信納，就任何正進行或擬進行的法律程序（不論該法律程序是否關乎涉及國家安全的案件，亦不論該法律程序是在該法院抑或任何其他法院進行），採取某項措施，保障任何指明人士的身分免被披露，是維護國家安全所需者，則該指明法院可應律政司司長提出的單方面申請，命令該項措施予以施行。

(2) 在不局限第 (1) 款的前提下，根據該款作出的命令，可禁止任何人披露——

(a) 顯示指明人士身分的資料；或

(b) 可從中推斷出指明人士身分的資料。

(3) 任何就第 (1) 款所指的申請而進行的聆訊，須於非公開法庭進行。

(4) 如有任何命令根據第 (1) 款作出，則受該項命令影響的人，可向有關指明法院申請更改或撤銷該項命令。

(5) 除非該指明法院在顧及相關案件的所有情況後信納，不更改或撤銷該項命令的話，會造成不公正情況，否則不得更改或撤銷該項命令。

(6) 為免生疑問，除非指明法院另有命令，否則律政司司長無需為第 (4) 款所指的申請的目的，向有關申請人提供律政司司長根據第 (1) 款提出有關申請時呈交指明法院的文件。

(7) 為免生疑問——

    (a) 本條並不局限任何法院可行使的任何其他權力；及

    (b) 第 117 條並不阻止指明法院根據第 (1) 款命令任何措施就第 117(2) 條所述的文件予以施行。

(8) 在本條中——

**指明人士**（specified person）就任何正進行或擬進行的法律程序而言，指該法律程序牽涉或相當可能會牽涉的——

    (a) 公務人員；

    (b) 司法人員或司法機構的職員；

    (c) 大律師或律師；或

    (d) 舉報人或證人；

**指明法院**（specified Court）指屬特區司法機構的任何以下法院或法庭——

    (a) 終審法院；

    (b) 上訴法庭；

    (c) 原訟法庭；

    (d) 區域法院；

    (e) 裁判法院。

## 121. 違反身分披露禁令的罪行

(1) 任何人明知某項身分披露禁令已作出，而披露該項禁令所禁止披露的資料，即屬犯罪，一經循公訴程序定罪，可處監禁 5 年。

(2) 被控犯第 (1) 款所訂罪行的人，如確立自己有合理辯解或合法權限作出有關的披露，即為免責辯護。

(3) 在以下情況下，某人須視作已確立需要就第 (2) 款所訂的免責辯護而確立的事宜 ——

(a) 有足夠證據，就該事宜帶出爭論點；及

(b) 控方沒有提出足以排除合理疑點的相反證明。

(4) 如 ——

(a) 任何 ——

(i) 特區居民；

(ii) 在特區成立、組成或註冊的法人團體；或

(iii) 不論是法團抑或不是法團的在特區有業務地點的團體，

在特區以外地方作出任何作為；而

(b) 該項作為假若是在特區作出即構成第 (1) 款所訂罪行，

則該居民或該團體即屬犯該罪行。

(5) 在本條中 ——

***身分披露禁令***（order prohibiting disclosure of identity）指根據第 120(1) 條作出的、禁止任何人作出第 120(2) 條所述披露的命令。